U0937043

疫情冲击下的财富管理挑战与对策

——2021青岛·中国财富论坛

王波明 | 主编
张燕冬 | 执行主编

人民出版社

目 录

序

绪 论

第一章
后疫情时代的经济复苏与风险

第二章
金融开放与跨境金融合作

第三章
期货衍生品与航运贸易金融创新

第四章
资本市场助力区域经济高质量发展

第五章
高质量发展下的财富管理升级

第六章
强化金融赋能，锻造更安全的供应链产业链

第七章

财富管理与资产配置新业态

第八章

数字货币落地与展望

第九章

券商财富管理转型助力居民财富增值

第十章
金融科技赋能金融新生态

序

深化金融供给侧结构性改革，增强服务实体经济能力

汲斌昌*

今天我们相聚在美丽的岛城，隆重举行 2021 青岛 · 中国财富论坛，在此，我谨代表山东省人民政府对论坛的举办表示热烈的祝贺，对出席的各位领导和来宾表示热烈的欢迎，对大家长期以来对山东的关心、支持和帮助表示衷心的感谢。

山东地处中国东部沿海，是人口大省、经济大省、文化大省。近年来，山东省委省政府贯彻落实习近平新时代中国特色社会主义思想，坚持走在前列，全面开创目标定位，实施八大发展战略，推进九大改革攻坚行动，培育十强优势产业，经济文化强省建设取得新的重大成就。“十三五”时期山东综合实力跨越提升，生产总值提前一年实现比 2010 年翻一番，2020 年达到 7.3 万亿。新旧动能加速转换，2020 年四新经济增加值占地区生产总值比重达到 30.2%，民生福祉明显改善，省标以

---

* 汲斌昌，时任山东省副省长。

下 251.6 万贫困人口全部脱贫。2020 年居民人均可支配收入达到 32886 万元，蓝天白云、绿水青山成为常态，主要污染物排放大幅减少，社区式建成区黑臭水体等全部消除，基础设施全面提升，高速公路、高铁通车里程分别达到 2110 公里和 7473 公里，进入全国第一方阵，省内高铁城环运行，县县通高速，营商环境持续优化，企业开办时间由二十天压缩到一天，市场主体达到 1250 万户，新涉外的企业超过 1 万家。

2021 年以来，全省上下认真贯彻落实习近平总书记对山东工作的重要指示要求，立足新发展阶段，完整、准确、全面贯彻新发展理念，主动服务和融入新发展格局，深入推进七个走在前列，九个强省突破，加快推进高质量发展，经济增长好于全国。

2021 年上半年，全省实现生产总值 38906 亿，同比增长 12.8%，比全国高了 0.1 个百分点，两年平均增速 6.1%，比全国平均高 0.8 个百分点。

金融是现代经济的核心，近年来，我们着力深化金融供给侧结构性改革，平衡好稳增长和风险的关系，精准有效处置重点领域风险，增强金融服务实体经济能力，坚决打好防范化解金融风险攻坚战，金融业发展质效明显提升。实现增加值从 2015 年 2891 亿，提升到 2020 年 4567 亿，占地方生产总值的比重从 5.2%上升到 6.2%。金融改革不断深化，恒丰银行改革重组，成为全国中小银行规范治理的典范。该行 2020 年营业收入、净利润收入在全国性股份制银行中排名第一。普惠金融服务乡村振兴改革试验区获国务院批准，成为全国首个金融支持乡村振兴试验区。济南市科创金融改革试验区申建工作进展顺利，防范化解金融风险取得重要成果。“十三五”时期不良贷款额和不良贷款率持续双降，守住了不发生区域性系统性风险的底线。金融资产质量不断提高，助力实体经济更好更健康发展。

青岛是山东金融改革发展的前沿，金融工作一直走在全省前列，自 2014 年获批设立金融财富管理改革试验区以来，青岛市制定了促进试验区发展的一系列务实举措，积极引进财富管理机构，创新财富管理产品。财富青岛影响力稳步提升，国家财富管理金融综合改革试验田的价值不断显现。

截至目前，青岛市累计推动 20 余项外汇改革试点政策落地生效，汇聚了财富管理、行业领军、地方法人等 284 家授牌金融机构。截至 2020 年末，试验区 33 家银行机构开展理财业务。银行理财产品存续金额 4316 亿元，较试验区获批前增长 293%；数量 1.04 万支，较试验区获批前增长 55%。

青岛·中国财富论坛是青岛市财富管理金融综合改革试验区重点打造的一项品牌活动，是中国前瞻性财富管理行业过继性交流平台。2015 年来已经连续成功举办 7 届，在国内外金融业界产生积极反响。

本届论坛以“新时代·新财富·新管理”为主题，嘉宾阵容强大，交流活动丰富，真诚希望各位专家、各位嘉宾围绕主题，畅所欲言，发表真知灼见，交流思想，碰撞观点。也希望青岛市以此为契机，以更加有利的政策，更加完善的措施，更加周到的服务，进一步完善财富管理市场体系、组织体系、环境体系、监管体系和人才资源，全力打造财富管理高地，建设国际财富管理中心。

诚挚邀请大家在山东多走多看看，对我们工作多提宝贵意见，预祝 2021 中国财富管理论坛取得圆满成功，祝各位领导和来宾在山东身心愉快。谢谢！

金融业为青岛实体经济注入强劲动力

赵豪志*

非常高兴与各位新老朋友相聚在2021青岛·中国财富论坛。在此，我代表青岛市委、市政府，对各位领导和嘉宾的到来，表示热烈的欢迎和衷心的感谢！

青岛是一座具有浓厚金融基因的城市。我们抓住财富管理金融综合改革试验区建设机遇，积极释放改革红利，推动金融业发展水平持续提升。青岛金融规模总量不断扩大，2020年，全市金融业增加值、财富管理资产总额分别达862亿元、1.8万亿元，存贷款余额双双突破2万亿元。金融业态逐步完善，光大理财、兴华公募、意才基金、山东港信期货相继落户，青岛成为全部七类金融牌照齐全的城市。金融资源加快集聚，金融机构达到280家。特别是以建设创投风投中心为引领，积极推动相关机构落户青岛，在中基协登记的私募基金达到1200多只，管理规模突破1200亿元。在最新一期全球金融中心排名中，青岛位居第42位。

习近平总书记指出，经济是肌体，金融是血脉，两者共生共荣。① 金融业的蓬勃发展，为青岛实体经济发展注入强劲动力，也有力带动了

---

* 赵豪志，时任青岛市委副书记、市长。

① 《习近平在中共中央政治局第十三次集体学习时强调 深化金融供给侧结构性改革 增强金融服务实体经济能力》，《人民日报》2019年4月2日。

城市综合实力和发展竞争力的提升。借此机会，我向各位嘉宾简要报告一下青岛的发展情况。

青岛发展态势良好。作为国家沿海重要中心城市，青岛经济繁荣、富有活力。去年，全市生产总值达到 1.24 万亿元。2021 年上半年，新增上市企业 10 家，总量达到 69 家。跨国公司领导人峰会、博鳌亚洲论坛全球健康论坛、上合组织国际投资贸易博览会等一批重大会展在青岛成功举办。

青岛产业实力雄厚。实体经济基础坚实，拥有众多享誉海内外的名牌企业。轨道交通、智能家电、汽车、机械装备等 7 个优势产业集群规模都超过千亿元。工业互联网之都建设全面起势，卡奥斯平台链接 70 万家企业，22 个特定行业工业互联网平台上线运营。2021 年上半年，规模以上工业增加值增长 16.4%。

青岛创新能力突出。青岛拥有国家高速列车技术创新中心、海洋试点国家实验室、国家深海基地等一批高端研发平台，中国海洋工程研究院等新型创新平台加快建设。最近，时速 600 公里高速磁浮交通系统在青岛成功下线，更是彰显了青岛的创新策源能力。

青岛开放特色鲜明。青岛承担着打造“一带一路”国际合作新平台的国之重任，拥有上合示范区、自贸试验区、国家级新区等国字号开放平台。目前，有 168 家世界 500 强企业在青岛投资。青岛还是国家确定的国际性综合交通枢纽城市，青岛港吞吐量稳居世界港口前六位。

青岛发展环境优越。我们多次获得世界银行中国投资环境“金牌城市”称号，连续九次入选“外籍人才眼中最具吸引力城市”。我们正在进一步提升城市品质，加快建设公园城市，努力营造宜居宜业、方便温馨的城市环境。

各位领导，各位来宾！当前，青岛正深入贯彻习近平总书记对青岛工作的重要指示要求，聚力发展实体经济、推动数字化转型、扩大对外开放、提升城市品质，加快建设现代化国际大都市。我们将坚定地把金融业作为支柱产业来培育发展，推动金融业与实体经济良性互动，持续优化金融生态环境，打造更具辐射力和影响力的金融业发展高地。

我们真诚地欢迎国内外金融机构和人才来青岛共谋发展，共享发展新机遇!

绪 论

资产管理行业要抓住历史性机遇

陈雨露*

摘要：立足新发展阶段，资产管理行业一方面要抓住历史性机遇，围绕构建新发展格局，从资金供给和需求两端，不断提高投研能力和服务水平，履行信义义务，加强投资者教育和长期资金培育，为我国经济创新驱动发展提供重要助力，为居民财富保值增值提供重要支撑；另一方面，要坚定遵循新发展理念，成为社会责任投资的引领者。

首先，我谨代表人民银行，向本届中国财富论坛表示热烈祝贺！从2014年起，青岛财富管理金融综合改革试验区已成功运行7年。7年来，我国资产管理市场从快速成长到规范转型发展，逐步走上回归资产管理本源、服务实体经济的健康发展之路。在这个不平凡进程中，青岛财富管理金融综合改革试验区肩负起创新、探索和规范引领的重大使命，取得显著成就。下面，我就中国资产管理市场发展谈几点看法，与大家交流。

第一，资产管理在金融供给侧结构性改革和服务实体经济中发挥了重要作用。从本质上看，深化金融供给侧结构性改革，就是让金融回归服务实体经济发展本源，提升金融体系优化资源配置的能力。资产管理

* 陈雨露，时任中国人民银行副行长。

既是金融行业的最大横切面，涉及银行、证券、基金、信托、保险等各类金融机构，又是金融市场上各类基础金融资产与投资者的连接部，是金融供给侧结构性改革的重要着力点。

回顾新中国金融发展的历史，资产管理行业不断发展的进程，也是金融机构不断市场化和转型升级、金融市场广度深度不断提升的过程。改革开放之初，我国第一家吸引外资的窗口机构，就是邓小平同志亲自倡导批准、创办于 1979 年的中国国际信托投资公司。40 多年来，资产管理行业从无到有，已成长为我国金融体系重要的组成部分。截至 2021 年上半年，我国各类金融机构受托管理的总资产，规模已达 92 万亿元，相当于表内资产规模的 25%。

更为重要的是，资产管理在推动金融深化的同时，服务实体经济的功能也在不断增强。目前，各类资产管理机构已经成长为金融市场上重要的机构投资者，社会融资规模中债券、股票融资比重不断上升，各类资产管理机构功不可没。截至 2021 年上半年，债券市场、股票市场来自各类资产管理资金的投资占比达 25%和 10%，既是实体经济融资的重要来源，也是广大居民财产性收入的重要渠道。

第二，资产管理行业风险化解取得重大进展，转型成效显著。以 2018 年 4 月资产管理新规发布为标志，经过三年多的不懈努力，资产管理行业风险化解已取得重大进展，刚性兑付、层层套嵌、资金池操作等违背资管“受人之托、代人理财”本义的做法得到系统性纠正，以净值化为核心的整改转型取得显著成效。从产品端来看，投资者风险自担的净值型资管产品占比不断上升，募集资金占全部资管产品的 76%，比整改初期上升了近 30 个百分点。从资产端来看，资产管理产品的投资结构也显著优化，股票、债券等标准化资产的占比显著上升，非标类资产占比明显压降。总体来看，影子银行类资产管理产品、非标债权和资金在金融体系内部循环规模已停止快速扩张趋势，且均比历史峰值显著下降。

与此同时，以资产管理新规为核心的制度体系不断健全。2021 年以来，针对资产管理新规补充通知的有关条款，金融监管部门发布了《关于规范现金管理类理财产品管理有关事项的通知》，弥补了现金管理类理财产品的监管空白。过渡期结束后，过渡期内已发行的封闭期半年以上的存量定期开放式资管产品，以及新发行的定期开放式资管产品，均应严格按照企业会计准则和资产管理新规的有关要求进行估值。以此为标志，资产管理新规过渡期内临时性的政策措施将随着过渡期结束而中止，资管行业将进入全面贯彻落实资产管理新规的新阶段。行业机构要再接再厉，按照整改计划，有序做好各项整改工作，确保过渡期整改任务按计划顺利完成，为下一步全面贯彻落实资管新规，实现行业高质量发展奠定良好的基础。

第三，我国资产管理行业发展潜力巨大，青岛大有可为。从根本上讲，资管行业是直接融资体系的重要组成部分，资管机构通过专业力量，在为客户创造价值的同时，分享经济成长的价值。2020 年，在党中央的坚强领导下，我国取得了抗击新冠肺炎疫情斗争的重大战略成果，全面建成小康社会取得了决定性成就，人均国内生产总值已经超过一万美元。当前我国正健步迈入高质量新发展阶段，党的十九届五中全会明确了 2035 年基本实现社会主义现代化的远景目标，展望未来，我国仍将是全球增长最快的主要经济体之一，经济成长红利将为资管行业持续健康发展提供更加丰沃的土壤。从居民金融资产结构来看，各类非存款资产占比已达 47%，我国资产管理市场展现出广阔的发展空间。

立足新发展阶段，资产管理行业一方面要抓住历史性机遇，围绕构建新发展格局，从资金供给和需求两端，不断提高投研能力和服务水平，履行信义义务，加强投资者教育和长期资金培育，为我国经济创新驱动发展提供重要助力，为居民财富保值增值提供重要支撑；另一方面，要坚定遵循新发展理念，成为社会责任投资的引领者。联合国责任投资原则组织（UNRRI）数据显示，2020 年底，其签约成员机构管理的资产规模已超过百万亿美元，较 2005 年增长 75%。当前，我国已经明确碳达峰、碳中和的战略目标，需要新增巨量的绿色低碳投资，资管行业要提升投资自觉，积极推进 ESG（环境、社会、治理）投资，加快业务创新，加大投资力度，支持绿色低碳产业更好更快发展。

青岛是我国沿海重要中心城市，经济基础好，经济活跃度和开放度高。青岛财富管理金融综合改革试验区开创以来，法人金融机构数目、金融业就业人数、存款余额和贷款余额都实现了翻番，多元化财富管理组织体系基本建立，财富管理市场功能持续拓展，与财富管理相关的金融改革创新措施和风险管理机制不断完善。试验区不仅为青岛经济金融发展注入了新的动力，也为全国财富管理行业的健康发展积累了宝贵经验。远观未来，人民银行将一如既往支持青岛资产管理行业和实体经济的高质量发展，为青岛构建现代化经济体系贡献新时代的金融力量。

促进资产管理业务高质量发展

肖远企*

摘要：我国正在加快构建新发展格局，经济正在向高质量发展转变，过去那种过度追求短期收益的模式已不可持续。增长动能将主要来自科技创新、绿色产业、先进制造、基础设施等领域，这些都需要相当规模的长期投资。而随着老年人口的增加，养老金融投资需求不断增长，市场前景十分广阔。资产管理行业在这方面有天然的资金和人才优势，可以集中长期稳定资金，探索跨周期投资模式，满足经济社会长期投资需求。

很高兴参加在青岛举办的中国财富论坛，我谨代表中国银保监会表示热烈祝贺。

当前，银保监会全系统正在认真学习领会习近平总书记在庆祝中国共产党成立100周年大会上重要讲话精神，在习近平新时代中国特色社会主义思想指引下，不断深化金融改革，防范化解金融风险，支持实体经济发展，坚决守住不发生系统性金融风险底线。

当前中国已是世界第二大经济体，2020年国内生产总值突破100万亿元，人均达到7万元，居民人均可支配收入达到3.2万元，中等收入群体超过4亿人，财富管理需求进入新阶段，资产管理行业迎来新的

* 肖远企，时任中国银行保险监督管理委员会副主席。

发展机遇。下面就资产管理行业发展，我谈几点看法，供大家参考。

第一，要始终敬畏受托职责。资产管理是基于托付关系的服务，紧密联结多样化的受托投资与资产标的，中介属性比较复杂。资产管理人的身份是代理人，既不是资金持有人，也不是投资资产持有人，因此与生俱来就存在资产管理人和持有人之间的角色位移。既有灵活性优势，也埋下了风险隐患，关键在于是否能恪守受托管理的职责。投资人把钱交给你管理，就必须始终保持对受托职责的敬畏。按照投资人利益优先原则，履行诚信、尽责的受托责任。

另外，对于中低收入群体的财富管理需求也要高度重视，认认真真做好。理论上只要除去生活必需品支出以外，仍然有余钱的人群都有财富保值增值的需求。因此，除了为高净值客户服务外，也应帮助中低收入群体管理财富，实现财富有效积累。帮助他们管理好财富是资产管理行业应有之义。财富积累是一个递进的过程，高净值客户也曾经是中低收入群体的一部分，中低收入群体也是潜在的高净值客户。从成本收益比看，资产管理机构一点也不会吃亏。

第二，要自觉做长期价值投资的表率。资产管理行业要培育金融投资深度，普及长期、理性和价值投资理念，提高整个社会的金融素养。对投资者财富实施跨时期、跨市场的优化配置，在合理风险和期限水平下取得合理收益。这自然也要遵循金融规律，特别是风险和回报匹配原则，不可能制造“一夜暴富”的神话。在这方面，尤其要避免过度渲染超额回报，炒作非理性预期。

我国正在加快构建新发展格局，经济正在向高质量发展转变，过去那种过度追求短期收益的模式已不可持续。今后增长动能将主要来自科技创新、绿色产业、先进制造、基础设施等领域，这些都需要相当规模的长期投资。另外，随着老年人口的增加，养老金融投资需求不断增长，市场前景十分广阔。资产管理行业在这方面有天然的资金和人才优势，可以集中长期稳定资金，探索跨周期投资模式，满足经济社会长期投资需求。资产管理行业要做市场的价值投资者，主动培育投资而非投机的市场氛围，将有限的金融资源用到能增进经济社会福祉和人类文明进步事业中。

第三，要积极践行社会责任投资。社会责任投资已成为全球重要共识。2006 年联合国牵头制定了责任投资原则，强化了将“环境”“社会”“治理”，也就是 Environment, Social Governance（ESG）因素纳入投资决策的理念。新冠肺炎疫情暴发以来，ESG 标准在全球重视程度被推向新高度，各项内容大为扩展。“环境”因素中，更关注生态平衡和生活环境的清洁；“社会”因素中，更关注食品和日用品的安全性；“治理”因素中，更关注企业在困难时期对员工的人性化关怀。

我国资产管理行业近几年发售了数以百计的投资产品，有些产品名称中已明确出现 ESG 字样。资产管理行业应当充分利用自身优势，加大对社会责任投资的支持力度，积极参与、塑造和完善 ESG 投资体系，推动建立更明确的定义标准，构建相关数据收集和统计框架。完善 ESG 评估方法，推动企业建立 ESG 的信息披露机制，全面提高社会责任投资的成效，在实现财务回报投资目标外，兼具社会责任和可持续发展等多层目标。

第四，要努力熨平周期波动。近年来，非银行金融中介，包括资产管理行业等传统金融体系外的金融活动，对金融周期乃至经济周期的影响方式引发广泛的讨论和关注。一是资产管理人投资的羊群效益放大周期波动。资产管理行业在规模快速发展后，管理人投资决策更容易受到从众心理影响，投资标的趋于集中。二是集中兑付造成的流动性风险加剧周期波动。资产管理行业的负债虽然具有来源广泛的优势，但众多开放式产品一旦遇到很大的集中赎回压力，在短期市场压力事件下会放大影响，集中兑付导致被动抛售资产和资产甩卖，可能就会触发金融周期逆转。三是可能同样存在“大而不能倒”的困境。当资产管理机构受托资产达到一定体量后会对金融市场资产价格产生重要影响。大型资产管理机构产品出现危机，也会显著传导到金融市场，进而引起市场恐慌和定价失灵，甚至引发更大范围的风险。

资产管理行业与经济金融周期的关系是新的问题，目前还难以得出准确的结论，必须强化监测和分析，推动完善制度，遵循组合投资的基本规律，合理塑造投资预期，降低亲周期性运行波动曲线，推动金融经济发展，维护市场稳定。

第五，要主动构建良性竞争格局。历史经验表明，过度竞争、恶性竞争都会扭曲市场参与者行为，最终危害市场秩序，损害利益相关者利益。要维持良性竞争，资产管理机构和监管部门需要共同努力。在实现市场充分竞争的前提下，引导行业向最优均衡靠拢。如何实现这种最优，需要我们认真思考，其中提高透明度就十分重要。资产管理行业的基础是委托代理契约。在良性竞争环境下，代理契约的内容和履约进展应该是透明的。任何一方都不应通过隐瞒欺骗等手段侵害对方的利益。然而，一旦市场处于恶性竞争状态，经营行为扭曲，资产管理者很可能为追求短期高风险回报，大规模投资于高风险资产。为了达到这种目的，往往会向委托人隐瞒或掩盖风险或投资明细。2008 年国际金融危机的一大原因就是许多机构为追逐高额回报，隐瞒实际风险，大量高风险资产通过不当销售的方式出售给投资者，不仅使投资者遭受损失，也扭曲了市场要素，造成市场失灵，最终引发金融危机。

国际清算银行曾专门研究过资产管理行业竞争模式与金融市场均衡关系。在过度竞争环境下，资产管理人可能会利用信息不对称的优势，损害投资者利益，扭曲金融市场的均衡价格。不完全契约理论认为，契约自身无法解决信息不对称，总有一方会通过“剩余控制权”进行套利。这就尤其需要完善制度体系，强化信息披露和销售匹配，对行业良性竞争予以规范和约束，培育建立一个有差异、有特色、相互补充的资产管理行业良好生态，维持公平的市场竞争秩序，维护好金融稳定，保护好大众利益。

今天，我就讲这五个方面，再次祝贺本次论坛圆满召开。祝青岛市财富管理金融综合改革试验区取得更大成绩，谢谢大家！

发挥期货市场功能更好服务经济决策

方星海*

摘要：期货市场是服务产业发展的重要平台。在全球疫情冲击、供需错配、流动性超级宽松等因素叠加影响下，大宗商品价格出现较大幅度上涨。在本轮大宗商品价格波动中，境内外大宗商品现货和期货价格都出现大幅上涨，总体来看，期货价格涨幅小于现货，境内期货品种价格涨幅低于境外同类品种。期货市场充分发挥其价格发现、风险管理的功能，为产业客户稳健经营保驾护航。

很高兴参加 2021 青岛 · 中国财富论坛。我谨代表中国证监会对本届论坛的成功召开表示热烈的祝贺。

2021 年以来，我国经济恢复进一步向常态化回归，微观主体经营状况明显改善。同时，受全球疫情和周期性、行为性因素叠加影响，不确定不稳定因素仍然较多。中央强调要加强对国内外经济形势和市场变化的研判分析，制定有针对性的政策举措。期货市场作为现代经济的重要组成部分，在服务宏观形势研判、产业发展和居民财富管理需要等方面发挥着重要作用。下面，我结合期货市场功能发挥和服务经济决策情况，谈三点认识。

---

* 方星海，时任中国证券监督管理委员会副主席。

一、期货市场信息是研判宏观形势的重要参考

经过多年努力，目前我国已上市93个期货、期权产品，产品体系涵盖农产品、能源、化工、金融等国民经济重要领域，期货市场运行质量明显提升，期货价格和其他期货市场信号蕴含了丰富且具有先行性的宏观、产业和市场信息。

一是可以提前反映宏观经济运行状况。宏观经济数据发布时间相对固定、频率较低，但连续交易产生的期货价格可以及时动态反映宏观运行情况。例如，铜能够广泛反映基建、房地产和耐用品消费需求情况，边际消费增量主要在中国，对分析我国经济运行具有重要参考价值；螺纹钢作为主要的建筑用钢材，与房地产投资需求关系紧密；原油是全球重要能源品，其价格变化一定程度能够反映全球宏观需求的整体变化趋势。2020年4月以来，大宗商品期货价格出现轮番上涨，其中，铜、螺纹钢等期货价格率先上涨，反映出我国经济经受疫情冲击后率先实现恢复性发展。2021年以来，原油价格涨幅居前，反映出美欧等发达经济体逐渐复苏，我国经济从恢复性增长回归常态化增长的态势。

二是可以较好把握市场供需状况的变化。期货市场发展形成了包括价格、交易量、持仓量、交易所库存、升贴水、远期价格曲线等一整套指标体系，可以多角度研判产业基本面，提高准确性。2021年4月至5月中旬，铜价持续上涨并创历史高点，但期货升水加大，铜库存出现与往年不同的累库现象。结合电线、电缆等企业开工率和终端消费情况，从一个侧面反映出供需不平衡矛盾仍然较为突出，与上游企业经营状况改善相比，中下游企业成本和经营压力加大。伴随着五月中旬以来“保供稳价”一系列政策组合拳落地实施，部分品种期货价格快速回落，反映出短期供不应求的局面有所缓解。

三是对市场风险和投资者情绪有较强预测作用。基于标准普尔指数

期权市场的 VIX 指数是反映股市波动风险的常用指标。2020 年 2 月下旬 VIX 指数快速攀升，3 月美国金融市场随即爆发流动性危机并导致美股连续大跌。此外，美国三大股指都有股指期货产品，对美股现货运行提供了良好的价格指引。芝加哥商业交易所（CME）联邦基准利率期货的价格信息能够反映美联储未来的即期基准利率，受到各国央行乃至全球投资者的广泛关注。

二、期货市场是服务产业发展的重要平台

自 2020 年二季度以来，在全球疫情冲击、供需错配、流动性超级宽松等因素叠加影响下，大宗商品价格出现较大幅度上涨。在本轮大宗商品价格波动中，境内外大宗商品现货和期货价格都出现大幅上涨，总体来看，期货价格涨幅小于现货，境内期货品种价格涨幅低于境外同类品种。期货市场充分发挥其价格发现、风险管理的功能，为产业客户稳健经营保驾护航。

一方面，充分利用价格信号，提升企业经营管理的科学性和稳健性。期货价格反映商品的远期供求预期，对未来的现货价格有较好的预测力。相关研究表明，以我国期货市场当前期货价格预测未来 3 至 6 个月的现货价格，预测偏差不超过 10%。因此，期货价格可以作为企业生产经营决策的重要参考。以生猪期货为例，生猪是我国价值最大的农副产品，是关系国计民生的重要产业。自 2021 年 1 月 8 日上市以来，生猪期货 9 月份主力合约价格先贴水现货价格，反映出市场对猪价下行的预期；春节后至今逐渐转为升水，表明市场认为猪价今后下跌空间有限。生猪期货为养殖企业制定生猪出栏、二次育肥等经营计划提供了可靠的价格信号。本轮生猪价格从年初的每吨 36000 元，下降到目前的 16000 元，跌幅达 60%，从历史上看是比较大的，但没有以往周期出现过的杀母猪现象。

另一方面，作为风险管理工具，增强企业抵御行业周期性风险的能力。成熟运用期货工具的企业应对外部价格冲击和行业周期的能力明显较强，经营业绩的波动性较低。我国有色金属行业深度参与期货市场，从较长周期来看，相比石油加工、黑色金属等其他行业，有色行业盈利稳定性更加突出。疫情以来，国内外金融和商品市场波动加大，越来越多的企业意识到风险管理的重要性，境内一批产业企业积极利用原油、铜、螺纹钢、铁矿石等品种期货期权工具，对冲原材料价格上涨风险，通过“期现结合”的模式锁定利润，抵御周期性风险。据统计，2021 年上半年发布套期保值公告的 A 股上市公司数量达 556 家，已超过 2020 年全年水平。2021 年上半年，全国期货市场法人日均成交占比近 40%，表明机构和产业客户越来越多利用期货市场管理风险。

三、期货市场是居民财富管理的重要途径

从全球市场看，期货市场是全球资产配置和财富管理的重要投资场所，拓宽了居民投资渠道和财产性收入来源。自 20 世纪 50 年代以来，均值方差模型、另类投资、美林投资时钟等现代资产配置理论快速发展，大宗商品以其独特的风险收益特征、抗通胀能力和分散投资优化效果，在大类资产配置中的重要性与日俱增。近年来，全球大宗商品资产配置规模快速上升，根据巴克莱对冲基金数据库统计，全球 CTA 基金规模在 2021 年一季度已达 3190 亿美元。美国投资公司协会（ICI）数据显示，截至 2021 年 5 月，商品型 ETF 资产管理规模达 1520 亿美元。

从我国市场看，期货市场资产配置的吸引力也持续提升，客户权益稳步增长，目前已达 1.09 万亿元，较 2020 年初翻了一番。期货市场为公募基金、企业年金、保险资金等中长期资金保值增值提供了重要渠道。越来越多的机构投资者、中长期资金开始灵活运用股指期货等金融衍生品对冲风险、获取收益，实现可持续发展。2021 年 7 月，我国公

募基金、企业年金、保险资金在股指期货市场的持仓规模相较 2020 年初分别增加了 1 倍、1.5 倍和 2.6 倍，期货市场在居民资产稳健增长和健全多层次、多支柱养老保障体系方面贡献了积极力量。截至 2021 年 5 月，我国私募资产管理领域投向商品及金融衍生品的产品数量达 959 只，规模 942 亿元，较去年同期翻了一番。

2020 年，我国 GDP 总量已经超过 100 万亿元，人均 GDP 已跨越 1 万美元门槛，居民扩大权益投资、增加财产性收入的需求将快速上升。目前，我国居民财富主要配置于房产等实物资产，证券类资产比重很低。数据显示，城镇居民家庭金融资产占比仅为 20%，远低于美国占比 70%的水平。当前和今后一段时间，期货市场在服务我国居民资产配置和财富管理方面还大有可为。

各位来宾，近年来，青岛市加快金融改革创新，不断探索建设财富管理金融综合改革试验区和构建具有中国特色的财富管理体系，在发挥行业集群效应、推动产业协同发展、助力实体经济发展等方面形成了自身特色，示范效应凸显，发展潜力巨大。中国证监会将一如既往支持青岛金融业发展。下一步，我们将继续积极稳妥推进期货市场改革发展创新，着力提高重要品种的全球影响力，通过“中国价格”引导国内国际资源配置，为财富管理发挥更大作用。

最后，祝青岛财富管理和金融行业健康繁荣，祝本届财富管理论坛取得圆满成功！

共同富裕的三个途径

蔡 昉*

摘要：对中国而言，核心问题是把创新驱动和财富驱动紧密结合，让两者同时发挥作用。简单地说，长期以来尤其是2012年以来，制约中国经济增长速度是供给侧的问题，是我们潜在增长能力。但从现在开始，随着中国人口越来越接近于零增长，大概在2025年之前，我们越来越遭遇到需求侧的制约，也就意味着我们面临双重制约。按照这个分类，把创新驱动和财富驱动两个阶段和两类手段结合，就意味着我们在供需两侧同时发力。

发展财富，管理财富，增值财富，归根到底是实现全体人民共同富裕，这也是中国特色社会主义现代化的一个基本要求，所以我围绕《共同富裕三途》讲几点看法。走向共同富裕有多种途径，我想强调三个途径，与当前面临的挑战密切相关，通过这三个途径能够加快共同富裕的推进。

其一，做大蛋糕和分好蛋糕。

要保持经济增长在合理区间，实现党的十九届五中全会确定的

---

* 蔡昉，中国社会科学院原副院长，时任中国社会科学院国家高端智库首席专家，央行货币政策委员会委员。

2025和2030、2035年的GDP目标，发展是解决中国一切问题的关键和基础。按照潜在增长能力，预测未来想实现的两个目标应该在15年里保持4.7%到4.9%的速度。按照目前趋势，根据产品要素、人力资本、生产率等提高的幅度来测算到2035年会达到的目标。

从这一点看，第一，“十四五”结束时人均GDP可以达到13000美元—14000美元，实现进入高收入国家行列的第一个目标。2035年，人均GDP会接近22000美元，非常接近进入中等发达国家的门槛，但略差一点。未来潜在的能力不是定数，通过改革可以获得改革红利。如果通过一些必要的改革提高了潜在增长率，可以在2025年实现人均GDP比14000美元多一些，到了2035年人均GDP可以接近23000美元，这样就达到今天葡萄牙的人均GDP水平，可以进入到高收入国家这一组的门槛。这是我们必须达到的目标，也是通向共同富裕的一个基础。

第二，增长要同步。有时候人均GDP和人均收入是可以分离的，历史上GDP的增长和居民收入的增长常常是分离的。但党的十八大以后，我国GDP和居民收入的增长就同步性非常强，过去十年左右的时间两者保持了非常好的同步。只有保持了这个同步，才意味着人均GDP的提高可以转化为居民收入的提高。这是基础，为此要继续调整国民收入结构，提高居民收入的份额以及劳动报酬的份额。

第三，要有合理的收入分配。党的十八大以来，基尼系数有所下降，城乡居民收入差距也有所下降。但下降几年后就已平缓，目前基尼系数保持在0.46多的水平。但基尼系数不降到0.4以下，就不是一个合理的收入分配结构，因此还要继续努力。初次分配领域不太可能把收入差距降到这个水平，从经合组织（OECD）国家的经验来看，如果仅看初次分配后的基尼系数，有的国家在0.4以上，有些甚至超过0.5，如果不标明国家，有人会认为是拉美国家。要想把收入结构改善到合理水平，最终还要借助再分配的手段。因此，随着我国已经进入社会主义现代化的新发展阶段，再分配应该成为越来越重要的手段。而且，很多发达国家的经验也显示，经济增长也好，技术变革也好，全球化也好，都可以做大蛋糕，但都没有自然而然分好蛋糕的机制，所以再分配手段必须有所诉求。

其二，促进和扩大社会性流动。

党的十九大明确提出，促进社会性流动。它的含义是什么呢？就是历史上讲流动就意味着横向流动，农民工从原来务农转移到非农产业、小城镇、中等城市、大城市、沿海地区，这是横向。但是在横向流动中也有纵向，收入提高了，身份、地位也提高了，有些在岗位上获得了更高的提升。

但那个时候，第一，教育水平改善速度非常快，有普及九年义务制教育、高校扩招等，让更多的人进入教育序列当中。第二，经济增长非常快，蛋糕做得非常大。现在我国已经进入中等增长、中高速或者中速的增长时期，劳动力的流动也显著放慢。在这个时候，应该关注的是向上流动，纵向流动就更加重要。如果没有切实的手段，社会性流动容易变成零合博弈，相当于挤一辆公共汽车，你挤上来我就掉下去，这种现象会发生，也会产生社会冲突。扩大中等收入群体的关键在于社会流动。从宏观来看，每个组都提高是今后必须保障的，不能做到这点就不能扩大中等收入群体。从微观上来看，每个家庭也需要不断增加收入，但今后可能会具有零合博弈的性质，有没有可能一些家庭的收入改善明显慢于其他家庭，而从中低收入群体到次高收入群体，这是关键，也是扩大中等收入群体的关键。

我们提出，应该进入到一个扩大中等收入群体的倍增计划，从数量上说，我们完全可以实现这个倍增。我简单介绍一下：第一个倍增是脱贫之后的农村低收入群体。党的十八大以来，大概有接近 1 亿的农村绝对贫困人口脱贫，脱贫以后绝大多数不是贫困人口，但仍是低收入群体，如何让他们逐渐成为中等收入群体非常重要。党的十八大以来，在脱贫的人数有近一亿人，还有一些反复脱贫和以前的低收入群体，规模相当庞大，一定是以亿来计的人数。按照 OECD 的相对贫困标准，就是居民收入中位数的 50%。按照我们的情况看，2019 年的中位数，农村是 14000 元多一点，其 50%就是 7000 元多一点，明显大幅度低于最低 20%的家庭。2020 年之后这个情况好多了，但是假设农村还有 30%的家庭，或者 30%的人口还处在相对贫困线之下，就意味着这是 1.5 亿以上的人口。如何让这些人口逐渐成为中等收入群体呢？

第二个倍增是进城的农民工，按照 2020 年平均工资标准，他们是 4500 元多些，当我们说中国有 4 亿多中等收入群体的时候，其实月收入就已经是它的下限了。因此，农民工也勉强算得上是中等收入群体，但是他们没有得到充分的社会保障，很多基本公共服务的享受也不均等，只有把农民变成城市居民才是真正意义上的中等收入群体。当前疫情造成外出农民工和住在城镇的农民工显著减少，如何把这部分人变成中等收入群体，意义重大，足以实现倍增计划。

第三个倍增是让老年人过上中等生活。人口普查后，老年人口比原来想象得多，老龄化程度比原来想象的程度高，目前中国 65 岁及以上人口高达 1.9 亿，60 岁以上人口高达 2.7 亿，这是一个庞大的中等群体后备军，如何让老年人过上中等收入生活水平，是我们老有所养的基本要求。同时，这也是共同富裕的需求，是扩大中等收入群体，保持中国经济持续增长的一个基本条件。

其三，社会福利全覆盖均等化。

很多人可能都读过美国学者波特写的《国家竞争力》，在书中他讲到经济增长跨越四个阶段：第一个阶段是要素驱动，靠资源和劳动力丰富；第二个阶段是投资驱动，配合资源大规模投入资本，可以保持高速增长；第三个阶段是创新驱动，越来越多的要用技术和生产力提高；第四个阶段是财富驱动。波特认为，前三个驱动经济增长是上行的，恰恰到了财富驱动阶段经济增长是减速的，而且一不小心就会陷入停滞。

因此，对中国来说，核心问题是把创新驱动和财富驱动紧密结合，让两者同时发挥作用。简单地说，长期尤其是 2012 年以来，制约中国经济增长速度的是供给侧的问题，这也是我们潜在增长的能力。但从现在开始，随着中国人口越来越接近于零增长，大概在 2025 年之前将越来越遭遇到需求侧的制约，也就意味着我们面临双重制约。按照这个分类，把创新驱动和财富驱动两个阶段和两类手段结合，就意味着在供需两侧同时发力。

到了这个发展阶段，现代化不能回避的就是中国特色的福利国家建设。在人均 GDP 从 10000 美元到 25000 美元这个区间上，社会福利水平从 26%提高到 36%。提升 10 个百分点就意味福利国家基本建成。我国政府从现在到 2035 年正处在这个阶段上，因此我们必须要真正建立起这个制度。除此之外，建立福利国家也保证了人的基本需求，就可以实现社会政策托底，支撑创造性破坏，否则没有宏观层面的支撑就永远会在微观层次保岗位、保产能、保企业、保产业，最后的结果就是低效率的企业不能退出。

有人说“福利国家”这个词有民粹主义的嫌疑，其实不是，国力到达一定发展阶段，必然走这个路。我们有中国特色，就是七个“有所”，“幼有所育、学有所教、劳有所得、病有所医、老有所养、住有所居、弱有所扶”，我们既要关注供给侧保持潜在增长能力，也要从需求侧，从共同富裕入手去保障消费能力的提升，以实现潜在增长力。

三大结构变动与财富管理机遇

屠光绍*

摘要：居民财富结构、资本市场结构、社会融资结构三大结构的变化会为财富管理行业创造新机遇，这三个结构之间存在动能循环——资本市场的发展会带动居民财富结构的转型，资本市场的空间扩大也会为居民财富结构的转型提供市场的空间。资本市场结构的变化也会带动社会融资结构的变化，社会融资结构的变化更有利于居民财富结构的转型。三者之间会形成动能转换，所有的资产管理特别是财富管理行业的发展的所有的潜力、机遇、希望也都蕴藏在三大结构的转换当中。

今天跟“三”字有很大关系，论坛主题是“新时代·新财富·新管理”，刚才除了省领导和市领导致辞之外，三位行业领导做了三个重要讲话，蔡院长又讲了共同富裕三途，我想用三分钟讲三大结构变动与财富管理机遇。

---

* 屠光绍，时任上海交通大学兼职教授、上海金融学院执行理事，中国投资有限责任公司原副董事长兼总经理。

一、居民财富结构

我国居民财富结构正在发生或者有待发生变化。居民财富结构变化是财富管理面临的新需求，也为财富管理提供了新动力。居民财富结构的变化主要有几个特征：第一是从储蓄到非储蓄，这个转变的趋势已经出现；第二是实物房产到金融资产；第三是单一资产到多元配置；第四是过去主要是境内投资，但是随着金融行业、金融市场的开放，包括财富管理的开放，境外投资的需要也越来越多；第五是普通群体到高净值群体。

居民财富结构这五个方面的变动，当然可能不限于这五个方面，确实为财富管理行业、财富管理市场提供了新需求，它会对财富管理提供重大的、新的动力。

二、资本市场结构

资本市场结构正在发生很大变化，资本市场结构的新变化会为财富管理行业开辟更加广阔的发展空间。

第一是市场结构。现在的市场结构，除了多层次市场，还包括现货市场和期货市场，衍生品市场的市场结构也在发生很大的变化，说明市场的功能在不断地提升。

第二是企业结构。在资本市场上的企业，不光是高大上的企业，现在各种类型的企业通过多层次资本市场出现，企业结构发生很大的变化。过去发展了创业板，现在推出了科创板。所以，企业结构的变化意味着资本市场服务的覆盖能力越来越强，也会为我们更多的企业提供资产市场的服务。企业结构的变化现在也是在逐步地加快。

第三是资产结构。以往一般认为，中国的上市公司以传统企业为主，是传统资产，但是现在在企业结构、产业结构里出现了新的变化，有了越来越多的新资产形态、新资产类别和新资产特征，而且还有新的资产价值属性。当然这也是资本市场的一个功能提升的健全的重大体现，也对资产管理行业提供了很多新的任务，新的资产形态怎么去估值、定价，新的资产形态怎么去很好地进行管理，当然新的资产形态也会带来一些新的资产风格。

第四是股东结构。最明显的标志就是资本市场上企业股东的机构化程度越来越高，和资产管理行业的发展密切相关。

第五是股权结构。股权结构更多是适应资本市场特别是新经济的发展，科技创新的发展，使得股权结构越来越要适应新经济发展的需要。

资产市场的结构也为资产管理行业开辟了新的空间。

三、社会融资结构

社会融资结构核心是要解决间接融资和直接融资的问题，现在的主要矛盾是在发展间接融资的同时还要加快发展直接融资，提高直接融资比重。

社会融资结构为实体经济提供更多的资金支持。长期资金和短期资金各有所需，但是如何发展提供长期资金，涉及很多方面的问题，只有提供长期资金才能为企业升级和企业发展提供更可持续的金融资源。

而谈到社会融资结构时，必然会涉及机构，因为金融机构是支撑融资体系的重要力量。随着融资结构发生变化，意味着可能要更多地发展非银行金融机构，特别是资产管理和财富管理机构。这样的社会融资结构的新变化或者是新趋势，也会为我们整个资产管理行业发展、市场的发展创造更可预期的前景。

上述三大结构的变化会为财富管理行业创造新机遇，这三个结构之间存在动能循环——资本市场的发展会带动居民财富结构的转型，资本市场的空间扩大也会为居民财富结构的转型提供市场的空间。资本市场结构的变化也会带动社会融资结构的变化，社会融资结构的变化更有利于居民财富结构的转型。三者之间会形成动能转换，所有的资产管理特别是财富管理行业发展的所有潜力、机遇、希望也都蕴藏在三大结构的转换当中。

利用这次机会，用了三分钟简单地分享一下三个结构的变动和财富管理机遇。最后，衷心地祝愿青岛的财富管理中心建设不断取得新成果，财富管理论坛不断地产生越来越重要的影响力。

谢谢大家!

全球经济复苏或许高于预期

Andrew Michael Spence（迈克尔·斯宾塞）*

摘要：有三个高增长的领域：一是数字经济，全球经济正在转向数字经济；二是生物医学和健康医疗，这是一个规模巨大的市场，非常值得投资，出现了大量的成长型公司；三是环境和气候变化领域，很多国家和企业都做出了雄心勃勃的承诺，而且未来为了应对这些挑战，在解决方案方面需要有大量的投资，这会促进一些新兴公司的成长。

上午好！很高兴中国财富论坛再次在中国重要的港口城市——山东青岛举办。南京大学商学院的一个朋友曾经邀请我来过青岛，后来郭树清担任山东省省长的时候也邀请我去做过交流。青岛是非常好的地方，成长非常快。

希望新冠肺炎疫情能尽快过去。中国和亚洲在控制新冠肺炎疫情上做得非常好。我个人觉得，未来亚洲应当是全球经济复苏和增长的中心，一个领先的地区。

在绝大多数国家，疫苗接种都是自愿的，欧洲在疫苗接种方面有点落后，正在加速赶上，包括经济动力方面总体有所疲弱。中国经济不缺动力，未来美国经济也在复苏。展望未来，看全球主要的新兴经济体，

---

* Andrew Michael Spence（迈克尔·斯宾塞），2001 年诺贝尔经济学奖获得者。

我们会发现情况更加复杂，喜忧参半。

疫苗接种计划正在快速推出，但是总体进展并不快，而且某些地方还出现了重大疫情的暴发。印度可能面对一个大规模的暴发，巴西仍在挣扎，印度尼西亚最近确诊激增，这些都需要加快处理。到 2022 年，也许会从后视镜中发现疫情已经过去。

至于低收入发展中国家，它们很努力，很多国家政府在帮助它们，但是还不够积极，因为疫苗数量不够多。在这方面，我觉得疫苗进程有些拖延，可能是由“疫苗民族主义”所带来的，听起来非常糟糕，但是也可以理解。任何政府都会优先考虑本国的国民，这种事情不可避免。

总体来说，中国、印度有可能快速复苏，然后可能才是欧洲和北美的发达经济体相继复苏。实际上在一段时间之内，我们看到了令人瞠目结舌的增长速度，但很大程度上是基数太低带来的。

剔除基数低的这样一个因素，现在的恢复可能不仅是正常的，而且是远高于预期的。比如在美国和欧洲将展开一系列重大投资项目，这些项目可能在新冠肺炎疫情袭来之前就应该完成的，我知道中国这方面有一个非常健康的增长动能。所以展望未来 2—3 年，在宏观层面上会出现比较有趣的迹象。

我认为将主要有三个高增长的领域：第一，数字经济，全球经济正在转向数字经济；第二，生物医学和健康医疗，这是一个规模巨大的市场，非常值得投资，出现了大量的成长型公司；第三，环境和气候变化领域，很多的国家和企业都做出了雄心勃勃的承诺，而且未来为了应对这些挑战，在解决方案方面需要有大量的投资，这会促进一些新兴公司的成长。

我觉得现在是一个非常令人兴奋的阶段。从投资者的角度来看，在这三个投资领域，投资机会巨大，有大量的资本流入，而且我们能看到一些高增长、高成长的公司层出不穷。

对 话

王波明[*]：是的，你刚才提到全球化，现在这个已经变成了一个贬义词，都说全球化会出现逆流，你认为全球化未来会反弹吗？全球化能否重新获得大家的青睐？

迈克尔·斯宾塞：我觉得或多或少有吧。目前我们看到有一些障碍在影响全球化进一步的深化，包括在技术方面，这是一个非常复杂的问题。刚才提到了一个所谓的全球创业生态系统。在过去，这个系统集中在世界上相对较少的地方，现在它在全球都扩散开来。全球化的这个领域，现在有着充分的融资能力。

毫无疑问，我觉得中国具有非常有活力增长的生态系统，而且部分是由数字经济所驱动的。尽管美国、中国都有收紧趋势，但是这些是开放的平台，不仅融资成本低，而且融资能力很强。其实可以讲一讲指数，就是所谓的“独角兽指数”。

过去一提到“独角兽”，会想到美国、中国，但现在在印度、印尼、欧洲、巴西、南美等地都可以看到很多独角兽企业。在全球化这个维度上，以技术为导向的创业，是非常令人振奋的。目前这样的一个发展趋势，我觉得会延续到疫情之后。

王波明：疫情带来了巨大的不确定性。我觉得未来很多企业会碰到一些困难，亚洲经济在迎头赶上，可能他们过去是2%—3%的共同支出，现在发展中国家可以达到5%的支出。但是美联储是有一些暂时的宽松措施，当然有多种理由。那在未来会不会收紧一些，你对这个问题怎么看？

迈克尔·斯宾塞：我认为必须认真对待。首先要从美国的角度看问

---

* 王波明，时任《财经》杂志总编辑。

题，我一会儿再说欧洲。金融危机之后，美国财政的应对力度和中国相比是比较弱的，所以让美国经济重新站稳的负担是较重的，就要靠央行和美联储。它们一开始是拯救了金融部门，这点我觉得大家也没有什么可反对的，这个是必须要做的事情，因为要防止全面的系统性崩溃，是全面的系统性方案。

首先，推动利率下行，要量化宽松，提高风险计价价格，这些都做了，某种程度提高了经济复苏。但是，如果能从过去的货币政策中找到一个平衡点，今天的处境会更好一些。

王波明：拜登上台之后，提出要投资 2.3 万亿美元到基建。

迈克尔·斯宾塞：拜登政府上台要出台另外一个刺激计划，包括建设各种各样的桥梁等。实际上特朗普当时就是要出台这样的政策，一个基于基础设施、就业创造、技术创新等各种各样的投资刺激方案。

大家会说疫情暴发后，世界和以前完全不一样了，出现通货膨胀的可能性不是完全没有。大家提到美联储的政策已经发生了转变，从应对预测的经济状况，包括通胀，转向应对实际数据，我觉得可能这种做法是正确的。因为货币政策有比较长的周期，而且是可变的，这是一个基本立场的变化。

我们现在所担心的，是如何对当前的数据做响应，而不是对未来的数据做响应，会不会落后曲线，对通胀的预期会不会脱离锚定？世界各国都非常担心，因为集装箱行业巨涨，而现在美国缺建筑材料，作为经济学家我感到非常惊讶，我们发现想发展生产，连库存都没有。因为过去很多企业奉行零库存的原则，现在不知道新冠肺炎疫情会持续多长时间，所以现在大家都没库存。

目前是一个过渡性的阶段，供应链怎么理顺我们不知道，里面还有大量材料短缺的问题，各个企业都在应对这个头疼的问题。要理顺这些问题、清除障碍，还需要一段时间。

王波明：现在通胀压力在增长吗？因为你刚才提到各种各样的原材料都是短缺的。

迈克尔·斯宾塞：未来的压力会有，但不是永久性的压力，这是我的观点。如果它是一个过渡性的压力，那么这些事情就不可能永远持续下去，供应链和企业经营最后都会理顺。理顺之后，通胀的压力就会削减。现在大家担心也正常，因为未来充满不确定性。

王波明：你是觉得这是一个过渡性的问题，还是会永久持续下去？当然，我们过去还没有出现过重大的通胀，特别是在美国，可能过去20年都没有非常严重的通胀出现。在这种情况下，芝加哥科学派的传统理论是否有效？

迈克尔·斯宾塞：我们已经有通缩的压力了。实际成本已经产生实际的变化，体制也变化了，减少了过去成本推动型的通货膨胀。如果政府拿出硬周期开始疯狂印钱，当然会导致通货膨胀。

回顾过去10年，可以明显看到中央银行可以通过收紧货币供应量减少通胀的压力。当然，我们也不清楚，央行到底会不会制造通胀，除非政府或者说国库真的开始大规模印钱。所以我个人观点认为，不觉得一场灾难即将到来。

可能我的观点比较另类，我不觉得现在的这个通胀会变成一场灾难，至少在一段时间之内，我觉得通胀会有，但是不会超出预期。可能是3%、3.5%延续一阵子，然后就降下来，这样企业可以全面复苏，我不认为会导致严重灾难性的经济后果。

王波明：你会担心未来经济的发展情况吗？比如明年是否会有一定程度的通胀？我们的经济增长率仍然保持低位，会不会出现滞胀？

迈克尔·斯宾塞：我不是很担心这个问题。目前面临的最大问题，恐怕是供应链理顺和生产力恢复，对此我们已经有强大的工具。我和一些朋友在美国期刊杂志上发表了一篇论文，共同探讨生产力理顺之后，美国还有其他经济发达体能支撑经济爆发吗？如果生产力提高了，但没有人消费，就会导致失业。这是一个严肃的问题，与收入分配是相关的。

如果大部分增量收入流入非常富有的群体，大部分情况下会被用来投资，这会导致需求遭到约束，也就是说未来不会产生非常健康的增长模式。你不一定赞成我的观点，但是我觉得这种滞胀在美国是不可避免的。不过，不同的政府，在收入分配方面可以有各种各样成功的做法，如果成功了，就能避免滞胀。比如，从供应方来看，财政计划和支出在推动总需求，这个会拉动投资，对大家都有好处。因此，我觉得滞胀有可能出现，但目前应当不是最可能出现的一个情况。

王波明：下面我们来讲一下经济，美国在当前经济刺激方案的拉动下，会出现经济复苏吗？我觉得这个在今后几年当中会是大家都关注的问题。拜登政府提出的刺激方案会被美国的两院批准吗？

迈克尔·斯宾塞：目前这个问题还在讨论当中。这里面有一些财政的问题，美国现在债务还在累积的过程当中。如果它成功的话，就会推动美国经济的增长，成功降低负债比，这可能是我们政策聚焦的一个最好的方面。

但是，它有一个更加危险的版本。有些人认为债务是没有限制的，只要央行保持低利率，就可以继续让债务滚动下去，在这样的概念下债务对 GDP 的比率就不会有一个上限。这种想法我认为是不正确的。

如果我们沿着这样的道路走下去，肯定会遇到困难，也就是未来会遇到麻烦。这方面其实我们是有经验的，过去在多个经济体当中出现了无数次债务相关的危机，最终总会出现债权人认为没有办法得到充分偿还的情况，然后就出现了债务危机的爆发。债务是有底线的，如果我们将债务提到很高的水平，承担很高的风险，这是不对的。

王波明：美国会以低利率维持这个水平的债务，我是说正常情况下，未来 2—3 年他们会继续这么做。因为债务会是长期的，但是偿债会是一个问题，我们之前说到了，首先可能是利率环境会出现问题，到时候债务就会出现变化。

迈克尔·斯宾塞：是的，你说的这种措施如果要起到作用，只有利率长期保持低位。在这种情况下，央行将会处于困境当中，如果经济当中存在大量的债务，可能就开始通胀。为了应对通胀，央行必须提高利率，但是这样做会对政府预算和经济产生巨大的影响，我并不希望达到那样的境地。

王波明：好的，回到刚才说的一揽子计划，这种数万亿的美元规模的投资能否改善供给侧？是否能够提高美国的潜在增长率？

迈克尔·斯宾塞：这就是我们猜想的事情。金融危机以来，全球呈现生产力下降的趋势。我们现在最好的一个猜测，就是刚才提到的一些主要的技术以及创新，还有美国基础设施投资计划，可能会帮助逆转这样的趋势，促进财政的增长。虽然这并不能确保我们能够达到这样的增长，但可以提高现在的增长率。

真正的问题是它的定位，即能不能匹配的问题。如果无法为以增长为导向的技术提供足够的资金，就不能提升生产力。另外，想要分享增长的是国民，我们的一些投资将会导致传统的国民核算当中没有产生福利。

中国在这方面有很多的考虑。可以看到中国在其他的领域，比如说健康或者是经济安全方面取得了惊人的进步，这些对于人民也非常重要。所以，我们希望在这些方面都可以提高，包括传统的领域，潜在的增长和生产力应该是携手并进的。但是，我认为你说的这个投资计划，不论它以什么样的形式或者规模出现，应该在 5—10 年的时间维度中展开，不可能是一次性、一年之内就能做到这一点。

王波明：好的，有这样的流动性，你对美元有什么看法呢？现在美元是相对比较疲软。

迈克尔·斯宾塞：我并不是汇率方面的专家，也从来没有能够完全理解什么样的因素能够决定汇率。我认为汇率的短期波动是一个谜。

整体来说，美元的疲软应该是暂时性的，因为现在美国开展的所有活动都关注于国内的经济复苏，美元的疲软并不是政策故意而为，但是从实际效果来说，美元疲软、美元走弱并不是一个增长的策略。所以，我个人的猜测，就是美元的疲软走势相对来说是暂时性的。

话虽如此，但由于中国现在呈现出来的增长动力和生产力增加态势，人民币的升值在我看来应该是不可避免的。可能过程中会有一些波动，但是相对于全球其他主要货币，我认为人民币会有自然的升值。

王波明：是的，这个其实跟中国经济走向也基本一致，人民币的走强或是走弱，还是取决于中国经济。你对于中国经济今年或者明年的走势有什么看法？我们已经看到强劲的反弹，经济回到了一个正常增长的模式上。中国经济自从 2011 年开始放缓，大约从 9%一直下降到疫情前大约 6%的增长率，你能不能给我们分享一下中国的经济增长是否可以持续？

迈克尔·斯宾塞：随着收入的增加，潜在增长率会逐渐放缓，这是一个正常的趋势，是不可避免的。10%以上或者 9%以上的超级增长率，基本来自于后发优势：有很多引入的技术，国内经济条件的支持，精力充沛、受过良好教育的居民，政府公共领域的投资的保证。

中国对经济发展做了很好的管理，加之那个时候全球经济又相对开放。回到 25 年或者 30 年之前，中国的经济在全球经济当中所占的比例是比较低的。现在全球环境已经发生变化，中国也已经是一个巨大的经济体，在技术上也是一个更先进的经济体，所以，后发优势就没有那么明显。这并不是中国独有的现象，所有的国家都会放缓。韩国在达到中等收入水平后经济转型方面做得非常成功，它的增长率也从 7%、8%以上出现缓慢的下滑。

展望未来，我相信仍然可以在发达经济体这样的条件下进行长期的成功运行，我想下一个阶段，三年或者四年，如果一切顺利的话，6%还是很合理的。但是到那个时候，中国的人均收入将会达到 2 万美元左右，那时就难以达到 6%的增长率水平，可能是 5%左右。

王波明：5%非常好吧？

迈克尔·斯宾塞：是的。

王波明：4%就非常低了吧？

迈克尔·斯宾塞：这里面有非常细微的差别。不可能无限期以 8%、9%的速度增长，我觉得这很好理解，可能并不是所有人都能理解。在中国，最大的挑战就是做好转型，这也是现在正在做的事情。

过去 10 年，我们的挑战就是如何让经济更多地由国内消费、家庭消费来推动，这样就不需要过度依赖投资的杠杆率。因为低利率出现过度投资的现象，计算一下未来的回报率，可能会存在过度投资的情况。中国的政策制定者也清楚这一点，这会是一个非常重要的转型时期。

第一章

后疫情时代的经济复苏与风险

随着疫苗的加快普及，疫情逐步得到控制，全球经济有望迎来共振修复。但全球范围内的疫情反复必将导致各国经济恢复不平衡，同时疫情期间各国大规模对冲政策带来的“后遗症”逐渐显露，包括债务危机和通胀风险等，经济持续恢复面临多方面挑战。世界经济与国际秩序仍将经历一段后疫情时代的迷茫期。中国经济延续了稳定复苏的态势，但还需进一步巩固经济稳定增长的基础，包括加大对民营小微企业的金融与财政支持力度，通过提振消费实现供需双向发力促进国内经济循环。

气候变化与转型风险

马蔚华*

我想就气候变化下金融面临的风险与挑战谈谈自己的看法。

新冠肺炎疫情如今依然施虐全球，它的暴发有偶然性，但如果把视线拉长，放到整个工业文明史中去看，也许就有必然性。如今，越来越多的人注意到温室气体排放等引发的全球气候变暖与瘟疫之间的关系。在人类历史上，几乎所有的时代都伴有瘟疫，但工业革命以来，瘟疫暴发的频率明显增多，而近10年来更为密集。气候变暖还引发飓风、热浪、干旱、洪涝等极端天气激增，例如，我国的洪涝灾害从20世纪80、90年代时每年4次左右，上升到21世纪以来的每年9次以上；台风等风暴类灾害也从20世纪80年代的每年4次上升到21世纪以来的每年8次。如果天气有波动率指数（VIX），那么当前可能已经接近历史高点，且未来仍有继续升高的趋势。

气候变化引发的金融风险不容小觑，已经越来越成为系统性金融风险的重要来源。首先是物理风险，极端天气直接造成企业、家庭生命资产损失，进而恶化银行、保险机构等市场主体资产负债表，并影响金融体系和宏观经济。更为重要的是转型风险。为应对气候变化和推动低碳转型，各国政府都在出台各种减排降碳的政策，同时低碳节能和可再生能源的技术革命也会有重大突破。在生产方式和生活方式有重大改变的

---

* 马蔚华，时任国家科技成果转化引导基金理事长，招商银行原行长。

背景下，会有一部分企业因为无法适应政策和技术趋势，不能及时转型而退出历史舞台。无论企业还是金融机构都面临转型风险。具体来说，转型风险主要来自三个方面因素：一是碳排放政策持续收紧的情况下，企业的经营成本在上升。以钢铁行业为例，其面临从高炉冶炼向电弧炉冶炼转型的压力，一方面固定资产面临重定价导致资产负债表恶化，另一方面技术改造需要大量资产开支，且由于电弧炉的冶炼成本远高于高炉，后续盈利能力将下降。二是需求萎缩。以煤炭行业为例，其下游的最大需求方电力行业，70%是火力发电，未来的电力结构将向光伏、风电、水电、核电等清洁能源为主的转变，对煤炭的需求大幅减少。三是竞争格局变化。所以，在绿色发展趋势下，高碳资产必将迎来重定价，金融机构的相关资产敞口将面临风险。马俊做过一个模型，银行如果继续给煤电行业贷款，发生贷款不良率会从现在 3%左右上升到 10 年后的 22%以上。荷兰央行对占全国总资产四分之三的 15 家主要金融机构进行转型风险测试，认为 11%的银行资产面临较大转型风险。法国央行认为，本国 12%的银行资产处于转型风险敞口中。

而转型风险的非线性、不平衡性和复杂性特征，又给金融机构风险管理带来巨大挑战。首先是非线性，气候变化是一个慢变量，在相当长时期内的气候变化可能都无法被察觉，但是一旦到达临界点，则可能出现指数级的巨变。其次是不平衡性，气候风险对区域、行业影响存在极大的差异性。对新兴国家的冲击大于发达国家，对传统产业的冲击大于新兴产业，对我国北方地区的冲击大于南方。最后是复杂性，极端气候的影响因子多，预测本身非常困难。这些风险特性都给金融机构的风险管理带来极大挑战。例如，由于风险的非线性，市场多数情况下对气候风险是忽略的，对风险定价并不充分，但一旦到达临界点后的市场重定价将引发剧烈的市场波动。再如，对风险进行建模，要使用从宏观到微观的海量数据，而且需要对不同类资产、客户开发不同的模型。

转型风险对中国金融体系的挑战可能尤为显著。我国目前仍以间接融资为主的金融体系，银行资产占比高，而相较其他类型的金融机构，银行面临的转型风险可能更大。在银行的资产组合中，信贷资产占据最大比重，而信贷投放的强确定性需求决定了其主要投放领域一定是集中在成熟行业。成熟行业往往又是高碳行业，转型的压力和风险都在持续上升。2020 年，中国绿色信贷余额 12 万亿，在 300 多万亿元的信贷总量中，只有不到 4%的份额。随着“双碳”趋势的加速来临，建筑、交通、电力、工业、钢铁、煤炭等成熟行业的回报率可能持续下降。相比于标准化资产的调整，银行信贷资产结构调整往往需要一个更长的过程。但当前我国金融机构应对转型风险的能力建设仍然十分滞后，绝大多数银行缺乏环境与气候压力测试的能力，与“双碳”发展趋势不匹配。

如何增强我国金融机构应对转型风险的能力？需要从高碳企业转型和金融机构转型两个层面进行施策，双管齐下。增强金融机构应对转型风险的能力，离不开高碳企业本身的成功转型。首先要建立绿色转型基金，政府明确碳达峰与碳中和的时间表、路线图，督促企业制定转型方案，同时帮助企业技术改造、降低转型成本，增强高碳产业加快绿色转型的能力。其次要优化激励机制，解决绿色金融外部性内部化问题。长期以来，企业不为碳排放造成的外部经济性承担成本，也无法从减少碳排放产生的外部经济性中获得收益。因此，要加快研究碳税机制并通过碳交易市场，让高排碳企业承担更高的成本，让低排碳企业获得相应的收益，从而实现碳排放外部性的内部化。

从长远来看，金融机构可从三个方面应对气候变化带来的风险挑战：一是在公司治理层面完善气候风险治理架构。在董事会及其战略、风险管理委员会层面强化对气候风险的关注，将 ESG 原则纳入战略决策和全面风险管理体系中，如银行业金融机构将 ESG 要求纳入授信全流程。监管机构应加强相关标准建设，特别是开展资产组合的全景式气候风险压力测试。

二是促进数字技术的投资与应用力度。面对气候风险的极高的复杂性和难预测性，如果不借助科技手段，应对气候风险将变成几乎不可能完成的任务。数字技术可以帮助金融机构提升环境风险识别能力、量化评估环境风险和进行智能定价、建立绿色评级数据库和绿色评级模型，让数字技术在应对气候风险全流程中都能广泛应用。比如可以运用 AI 采集和分析 ESG 数据，自动计算环境效益，通过物联网、卫星数据提供实时环境表现监测。数据资源是金融机构建立预测气候风险可靠模型的前提，但卫星图像、洪水地图、干旱数据、空气质量数据等都是公共基础设施级别的数据，单纯依靠金融机构和市场的力量无法完成。政府机构要推动数据基础设施的完善，搭建环境与气候信息平台，推动气候数据革命，解决相关数据的分布碎片化、收集困难、来源有限等问题；要加快建立上市公司环境信息数据披露标准，让金融机构更好地跟踪这些上市公司的碳排放指标和碳足迹。金融机构要结合自身发展实际，利用大数据分析、机器学习、高级算法等金融科技手段，不断创新、丰富环境与气候风险分析方法，以及标准化、组件化、参数化的风控模型工具，搭建环境与气候风险监控预警系统平台，并实现自助配置与快速迭代。

三是培育绿色金融和可持续金融生态系统。要建立适合中国特色的绿色金融和可持续金融评价标准。纵观欧美日发达国家绿色和可持续金融发展经验，第三方评估认证机构在市场发育过程中扮演了重要角色。这些机构通过 ESG 评估标准为金融市场提供了新型价值评估的工具和手段，可以促进消除政府监管部门与金融机构、投资者与融资者之间的信息不对称，让绿色金融和可持续金融的门槛逐渐降低，可以激发市场参与的动力。在国外，彭博等领先的金融数据供应商已经在其产品中构建越来越多的气候数据，主要的评级机构也在加快收购或与气候数据专业公司合作。

在中国，几年来许多机构包括 NGO 组织都一直在探索中国可持续发展价值评估标准的方式。比如社会价值投资联盟，是中国最先用科技手段评价企业可持续发展状态的。几年前，他们就组织了 300 多位专家学者制定一个“三 A 三力”的标准，依据这个标准每年从沪深 300

中选 99 只股票，组成“义利 99”上榜企业名单，在过去七年（包括回测），我们欣喜发现，“义利 99”指数的收益率不仅能够持续跑赢沪深 300 指数收益率，而且还能跑赢中国资本市场所有指数收益率，证明中国资本市场是“资本向善”的。今年推动“双碳”和可持续发展的形势下，我们在“义利 99”指数的基础上组建了“盟浪科技”数据化评级公司，帮助企业 ESG 咨询，评价企业社会价值，评价“双碳”指标，提高社会价值风险管理能力等，为企业与金融机构加快转型，防范气候变化风险作出贡献。在 2019 年我们还与博时基金合作发行了中国首支基于综合价值评估的可持续发展主题 ETF 产品——博时中证可持续发展 100ETF，受到广泛关注。

未来挑战在于提高经济管理质量，提前化解金融风险

朱云来*

过去两年，经济复苏的主要障碍在于疫情，不到两年时间，世界近两亿人确诊，累计死亡412万人，死亡率在2%左右。和2020年初比，现在人类对新冠病毒的特点已有所了解，对疫情有所控制，接种疫苗亦有成效，尽管病毒有新变异，但从数据看目前仍可控。未来更大的风险还是经济本身。

论坛创始以来转眼已过七年，经济发展总体非常迅速，自然带来财富管理的发展，从各种数量统计看，规模发展相当可观。

财富管理发展的核心是高质量的经济发展，高质量与否主要取决于经济结构。比如说，2008年世界金融危机现在看起来已很遥远，当时它给世界经济带来冲击，为了保增长各国采取一系列措施，货币供应不断扩大，最终对经济的发展产生很大影响。这一次新冠肺炎疫情，世界各国政府进行非常强有力的货币扩张，以应急救急，在原来已经货币超发、投资过量、效益递减的总体趋势上，又进一步增加挑战，所以，未来经济最大风险是要审慎化解风险。新的投资需要更为系统的、严谨的论证，经济发展的速度与质量是一个辩证法的两个方面。我们自然希望发展得快一点，但是另外一方面，如果投资的质量不好，将来会产生很

---

* 朱云来，金融专业人士。

多回报风险以及偿付问题。

疫情已经得到比较有效的控制，或者至少在一定程度上可以承受，经济也在恢复。未来的挑战是提高经济管理质量，能够提前预防和化解金融风险，才能让经济发展走上更为良性循环的路径，财富管理的发展也会进入一个良性轨道。

要从宏观角度降低不确定性带来的成本

刘尚希*

无论从中长期还是短期的视角来看，当前的经济形势都呈现一个基本特征，即成本高企。成本不是单一方面，而是体现在生产成本、生活成本、创业成本、环境成本、养老成本、公共服务成本、合规成本，以及还包括监管成本等，都在全方位上升。归纳起来是三个方面的成本：经济成本、生活成本和政府成本。经济成本压缩利润空间，生活成本压缩需求空间，政府成本压缩财政空间。发展成本的上升又会引发新的发展风险，给我们带来严峻挑战。那么，成本全方位上升是如何造成的?

从发展阶段来看，国家的发展好比攀登珠穆朗玛峰。中国现在处于半山腰的位置，越往上爬，不确定性越大，风险越大，这些风险都会转化为相应的成本。所以，从发展阶段来看，当前的成本上升是中国在这个发展阶段必须面对的，例如老龄化带来的社会风险、生态环境风险等，都是我们必须要去面对、去化解的。这是一个发展阶段无法回避的风险。而这些风险，实际上都会转化成为成本。

从全人类来看，人与人之间的关系构建实际发生了根本性的变化，包括国与国、国家与社会、国家与市场、国家与个人等关系，这就是我们经常所说的全世界面临百年未有之大变局。全球产业分工、产业体系都在重构，其中蕴含巨大的不确定性和各种各样的风险，这些风险也会

---

* 刘尚希，时任中国财政科学研究院党委书记、院长。

转化为经济发展成本，导致企业成本上升。

从这些方面来看，全世界、全人类到了一个新的发展阶段。这个阶段的基本特征，就是不确定性。这种不确定性，不是微观的，是宏观的；不是局部的，是整体的；不是短期的，而是长期的。在这个意义上讲，这些不确定性带来的风险及其转化的成本，可能是一种长期的趋势。

在这个情况下，应如何降低成本？恐怕不能仅仅着眼于实体要素的角度去考虑问题，而必须从风险的视角着眼，才能真正降低成本。只有整个宏观不确定性降低，公共风险水平下降了，宏观成本降低了，微观的成本才可能真正降下来。

我们针对实体要素、针对微观主体采取了不少政策措施，这些政策措施应当说是有效果的。但是站在实体微观角度所采取的降成本措施，比如说 2016 年以来“三去一降一补”中的“降”，就是降成本，在现实中出现越来越多的困难。

我们对成本的问题进行了 5 年的跟踪调查，发现通过这种政策的方式降成本，往往会出现一个跷跷板效应。这种跷跷板效应导致政策效果边际下降，甚至难以为继。比如说减税降费，这些年力度越来越大，在一定阶段、一定时期是必须的，尤其是去年疫情冲击下，更需要减税降费。但它不可能是一个长期的过程，不可能长期降下去。即使是短期的操作，减税降费导致的财政压力非常大，尤其是导致地方财政减收压力与债务还本付息压力相互叠加。这就是降成本带来的典型跷跷板效应。

再如降低物流成本，取决于物流企业效率提高，即物流企业自身成本必须降低，否则，降低物流成本，可能就意味着物流企业的亏损。降低融资成本，如果金融体系效率没有提升，即金融机构自身成本的下降，强制性降低融资成本将会带来风险的扩大。降低能源成本，比如说降电价，若电力企业提升效率有限，自身成本很高，如果行政性降成本，带来的就会是能源企业压力甚至亏损。所以，从微观角度降成本，往往产生跷跷板效应，这种效应可能会导致这种政策性降成本措施形成左右为难的一种局面。

所以，降成本应当要转变一下方向，要从现行微观的、实体要素的角度降成本，转向宏观的，从不确定性、从公共风险角度来考虑降成本。只有整个宏观不确定性下降，公共风险水平下降，很多成本问题才会迎刃而解，经济循环会更顺畅，发展潜力就会更大。

从财政角度来说，更重要的是对冲这种宏观不确定性，降低公共风险来减少企业所面对的各种各样的不确定性和风险。当然，市场领域总是有风险的，但是微观领域的风险和宏观领域的公共风险是不一样的。

对政府来讲，应该是针对宏观领域的风险，也就是公共风险去发力，而不是从微观领域去保企业。如果公共风险得到有效控制，市场状况自然而然会好转，这样也不会导致政策实施和市场的优胜劣汰功能发生冲突。在保市场主体的时候，一不小心就有可能对冲了市场机制优胜劣汰的作用，因为很难分辨哪些该保哪些不该保。从微观角度制定政策，与市场机制的作用可能会出现冲突，妨碍市场在资源配置中发挥决定性作用，这本身也是一种风险。所以，在防范风险的时候要注意，防范风险过程中可能引发新风险。从这个意义上讲，要更注重从宏观、从总体、从公共的角度去制定和调整政策。

消费复苏仍然滞后且存在分化

汪　涛*

我重点阐述一下消费为什么复苏比较缓慢，以及今后存在的风险。

2021 年以来中国经济复苏持续，从上半年数据看，二季度同比增速放缓，但环比增速增加，其中出口强劲，投资方面房地产强劲。目前，制造业投资和消费都呈追赶态势。不过相比出口和投资，消费复苏仍然滞后且存在分化。餐饮刚刚恢复到疫情前的水平，旅游在端午节假期期间收入比 2019 年下降 25%左右，很多行业仍未复苏。

影响消费的因素是什么呢？瑞银调查后发现，一个因素是随着新冠肺炎疫情影响持续消退，劳动力市场持续改善，居民收入进一步反弹，但 2021 年没有达到 2019 年的增长势头。调查显示，60%的人表示过去 12 个月的工资有增长，高于 2020 年调查的 47%这一比例，平均工资涨幅从去年 3%增加到 6.4%。但 2019 年接近 80%的人涨工资，平均涨幅 9%。

另一因素是消费者情绪比较谨慎，信心没有完全恢复。调查发现 40%的人表示过去增加了储蓄。不过受访者表示，平均储蓄率要高于疫情前的 2019 年，达到 45%。其中在 50 岁以上、中低收入的人群以及三四线城市的受访者中，储蓄率上升更加明显。

随着防疫的缓解，居民收入持续改善，储蓄率应该明显回落，但是

---

* 汪涛，时任瑞银亚洲经济研究主管及首席中国经济学家。

这个现象还没有发生，复苏没有明确上升。未来怎么样呢？调查发现，消费者对未来收入的信心持续改善，67%的人认为工资会上涨，平均涨幅 6.7%，都比去年有所反弹，但是预期消费增长和消费增长低于 2019 年，那时是 80%以上。而且受访者储蓄意愿仍然很强，47%的人表示在未来一年要增加储蓄，年轻人、中低收入人群增加储蓄意愿更加强。按照预期，未来疫情可以得到进一步控制，疫苗接种率进一步上升，就业得到改善以后，消费应该随着收入增长进一步复苏，但是疫情相关不确定性还在持续，消费者情绪仍然谨慎，预防储蓄率非常高，消费增长完全复苏可能需要更长时间，一些消费行业的全面复苏可能要等到 2022 年下半年。

这种情况下，应该用怎样的政策应对？第一，继续支持小微企业、服务业和灵活就业人员，包括财政、税收、融资方面的支持。他们是就业主体和中低收入的居民，其收入增长的恢复是消费持续复苏的基础。

第二，推进疫苗接种，逐步转向常态化的疫情管理，降低疫情防控措施对经济带来的影响。目前，新冠病毒在海外变异比较厉害，各个国家疫苗推进速度不一，疫情在短期内可能不会完全结束。在这个大前提下应加快疫苗接种，尽快实现群体免疫，同时进行常态化管理，尽量减少新发案例对经济活动的影响。

第三，提高公共服务的供应和健全社会保障。调查发现，中低收入人群等储蓄意愿非常高，不敢消费。如何解决消费者不敢消费的情绪，降低居民目前储蓄率高的情况，是政府可以通过提供更多保障来做的。

最后，如何抵消消费不足对整个经济复苏的影响？财政政策可以发挥更大作用。2021 年以来，地方债发行较慢，基础设施投资有所下降，在规定范围内其实还有空间可以发力，所以下一步财政可以多发力。

张燕冬*：感谢您对消费不足的四点分析。追加一个问题，近期央行降准，您表示这并不代表政府过度担心整个经济动能的下滑。您并不认

* 张燕冬，时任《财经》杂志执行主编、《财经智库》总裁。

为降准开启了新一轮政策宽松周期，但可能标志着本轮货币政策收紧周期的结束。能否进一步解释一下？谢谢。

汪涛：从央行降准来讲，为什么我觉得政府其实并没有过度担心整个经济动能的下滑，因为不能仅仅看货币政策，而要从整个宏观政策综合考虑。从目前来看，财政政策仍然较紧，今年专项债发得比较慢，而且财政上半年的盈余较多，下半年可以更发力。另外，各个方面的监管都在加强，包括控杠杆降低金融风险的各种政策，包括影子信贷、银行监管、平台反垄断等方面，还有环保和减排措施、加大对房地产的调控政策等，各方面的政策都处于比较紧的态势。综上我认为，如果政府对经济增长动能放缓有切实担忧，其他的政策是可以调整的。瑞银预计今年中国 GDP 增长为 8.5%，应该远高于 6%以上的最低目标，所以政府也不用太担心今年的增长。

降准方面，我们认为没有开启货币政策放松的通道，而是结束了之前的紧缩状态。一方面，央行、国务院都表示中国的货币政策是领先于全球开始走入正常化轨道，目前已经基本正常化。既然已经基本正常化，就不需要继续收紧。另一方面，因为如上所说各方面的管控风险政策都较紧，货币和流动性方面的政策应该变得更包容配合一些，以此降低在降风险过程中可能引发的一些坏账和违约事件上升的风险。货币政策目前应该从这样的角度去考虑。如果 2022 年中国经济因为各种各样的原因出现明显下滑，可能会再考虑货币信贷方面有所调整。但是从目前来说，是进入一个稳定状态。谢谢。

应尽快放松对房地产和基建的信贷管控

乔　虹*

2021年是不平凡的一年。考虑到2020年的经济表现，大家都知道2021年肯定是前高后低的一年，从上半年前高的时点来看，还有很多出乎意料之处，到底下半年会低到什么程度，会有哪些令大家觉得有一点惊讶的地方，我觉得现在可以讨论一下。随着进入后疫情阶段，中国的宏观经济的整体发展遇到了新的挑战，这种挑战在2021年下半年会尽显无疑。我们美国银行的观点可能比瑞银更为谨慎，我们观察到目前对房地产和基建相关的投资增速明显放缓，预计在三季度增速将进一步放缓，必须尽快放松对这两个部门的信贷管控，2021年下半年宏观经济的内需方面才会企稳。

整体判断经济形势，我觉得可以首先从最近政策和数据来分析。对于最近一次的降准，我们认为它可有效地缓解未来可能会出现的市场上的流动性紧张，未雨绸缪还是有重要意义的。它释放了一个强烈的信号，这个信号当然是放松信号而不是紧缩信号。虽然央行强调没有任何货币政策的方向性变化，但是市场参与者会对下半年经济逆周期的调节感到有所预期。

最近市场中的主要关切为是否会开启放松周期？对降准来讲，我们现在看到的数据，特别是刚刚发布的6月份和二季度数据，不能真

---

* 乔虹，时任美国银行大中华区首席经济学家。

正支持政策会明显从原来相对保守紧缩方向转向完全放松。二季度的GDP达到7.9%的高度，6月份的数据与四五月份相比向好，出现了明显的月度转折。另外，外需情况强于市场预期。按照支出法GDP可以看到，一季度进出口对于GDP增速的贡献最大，二季度的贡献仍然不小。这种宏观环境下提高了政策完全转向——包括短期内放松信贷、实施比较积极的财政政策、货币政策进行明显的放松——的门槛。

市场中另一个关切，是降准之后的下一个是否就是降息，政策放松的窗口是否即将开启？我们认为还为时尚早。降息的概率较低，原因一是情况不够差，以往经验表明降息和降准如发生在同一个月，那么宏观情况是要差到一定程度，比如2008年、2012年、2015年的情形，我们认为目前还未到这个程度；原因二是决策层还在保留政策空间，希望留一些弹药，如果下半年在去年同期高基数的情况下压力较大，可以有操作的空间。

鉴于此，短时间降息或进入放松周期还为时尚早。从判断政策的取向上来看，现在可以视为相机抉择的观望期，短期没有决定要做太多事情，但开始关注并准备预案。

从效果来看，我们认为降准没有解决核心问题。因为降准释放了约1万亿，央行近期15日4000亿元MLF续做，中标利率连续三个月保持不变，相当于消化掉4000亿，净投入到市场上只有大概6000亿左右。虽然银行可以提供更多的信贷，但基建和房地产两个部门融资已经连续6个月以上受到挤压且挤压还在加剧的核心问题，仍没有解决。

具体来看，基建固定资产投资增速一再下行，5月份为-2.7%，6月份到-0.3%，连续三个月都是在非常低位徘徊。即使考虑到去年基数高的情况，两年平均也不到3%。如果考虑PPI通胀的水平，大概在8%—9%之间，如果用类似的价格指数平减它，实际投资的增速要么已经开始收缩，要么在收缩的边缘。

从基建角度来看，项目审批速度明显低于往年，财政支出特别是基建方面的支出大幅放缓，专项债发行的节奏明显放慢，而且表外信贷也受到明显挤压。银保监会《银行保险机构进一步做好地方政府隐性债务防范化解工作的指导意见》执行的严格程度超出预期，导致金融机构对基建相关投资形成“过街老鼠，人人喊打”的状态。

从房地产角度看，随着对相关贷款的监管进入 2011 年，按揭和房地产开发贷指标迎来了十年以来最冷的一个寒冬。尽管总体上没有削减贷款总额度，没有去杠杆，但由于在执行上强压各项指标，实际效果已经非常严格。

房地产调控的最终目的是要控制房地产价格的大幅增长，因此，需要对房地产供给有一定的控制，但是同时政策也要考虑到不能过度打击房地产投资。从目前的买地节奏和新开工节奏来看，2021 年下半年房地产投资增速放缓是板上钉钉。供给减少，需求如依然强劲，又是价格上涨的信号。

在现在的背景下，我想提出一个问题：基建和房地产是否不属于实体经济？是否只有小微、绿色经济、高端制造业是实体经济，我们是否可以放弃房地产和基建？大家不要忘了，房地产和基建的投资相加超过固定资产投资一半以上，占其半壁江山。我们为什么可以选择现在服务业还远没有完全恢复到疫前水平的时候，继续强压这两项投资和相关的工业需求？因此，我们认为从方向上来讲，下半年会有调整。

从全年的社融增速角度来讲，即使假设地方债发行在三四季度得以提高，2021 年全年社融整体增速可能只有 10.7%。从 9 月份开始，我们认为社融的高基数，加之出口的不确定性，投资的进一步失速，可能都会引起下一步政策的一些明显变化。从下半年来看，降准也有可能会再一次出现，因为更多中期借款便利会到期。

数字化将是真正拉开机构差距的决定性因素

陈　颖*

很高兴再次回到青岛，这两天我常常会想起七年前，配合省市政府一起申办青岛财富管理金融综合改革试验区的那些日子。试验区获批以来，在机构培育、平台搭建、市场开放等方面积极探索，形成了一大批改革创新成果。当时种的一片树林，现在可以供人乘凉了，很令人欣慰。

习近平总书记指出，加快构建新发展格局，是我们把握未来发展主动权的战略举措，是为了在各种可以预见和难以预见的惊涛骇浪中增强我们的生存力、竞争力、发展力、持续力，是一场需要保持顽强斗志和战略定力的攻坚战、持久战。① 商业银行在加快构建新发展格局中发挥着重要作用。新发展格局下，银行的资产管理公司、理财子公司要稳健发展，应该做好五件事：

第一，坚守为人民服务的初心。商业银行理财业务受众众多，银行拥有最广泛的客户渠道和服务网点，银行理财公司最有与人民想在一起、干在一起的基因，要顺应客户对美好生活的向往，用心倾听、敏捷

＊ 陈颖，时任恒丰银行党委书记、董事长。

① 《习近平主持召开中央全面深化改革委员会第二十次会议强调　统筹指导构建新发展格局　推进种业振兴　推动青藏高原生态环境保护和可持续发展》，《人民日报》2021 年 7 月 10 日。

响应，满足高净值和中低收入人群不同家庭结构、年龄层次、收入水平、风险偏好的财富管理需求，实现人民群众财富的长期保值增值，服务好客户“向上”的每一步、社会“向善”的每一天、国家“向美”的每一程。

第二，坚守服务实体经济的主责。银行理财公司成立之初，就坚持以丰富的金融产品供给，积极参与资本市场，畅通投融资渠道，为先进制造业、新基建、乡村振兴、经略海洋、普惠金融、绿色金融等重点领域汇集更多资金，匹配更多优质资产。在当前复杂经济形势与国际国内双循环大格局下，具有长远性、战略性、重要性的高端制造业和“30/60”目标下低碳、减排各相关产业，其产业链、供应链的补链、固链、强链任务艰巨，需要大量资本、资金，对银行理财公司产融结合、以融促产、撬动社会资本支持实体经济转型升级提出了新挑战，需要加速构建新格局，继续在产业直投、产业投资基金、融资租赁服务等多领域加快创新，提升金融供给的改革质效。

第三，坚守风险防控的主业。银行理财子公司要用好银行专业风险管理的优良基因，做好对最终投资者和底层资产的穿透识别，对信息对称、风险分担、利益分配等问题妥善处理，确保风险“看得准、算得清、管得住”。

第四，坚守数字化发展的方向。数字技术正在重塑财富管理生态，数字化为千人千面的财富管理需求提供可能，提升了营销的精准化与投研、投资管理的专业化，提升了中后台管理的敏捷化。在激烈的市场竞争中，数字化转型将是真正拉开头部机构和一般机构差距的决定性因素。

第五，坚持开放共享的理念。对外，仍然要坚持开放，银行财富管理要继续挖掘跨境理财潜力，将国际成熟投资理念、管理经验与中国实际相结合，满足国内居民多样性投资需求，增强全球资产配置能力，以国际循环提升国内循环效率和水平。对内，建立开放式财富管理生态圈，现代商业银行有良好的同业合作传统，理财业务要发挥好这一优良传统，做好同业协同，提升为客户提供一站式综合服务的能力。我们也期待更好的监管环境，让跨业服务更加便利、更加有效、更加满足投资人对于理财的需求，共同推动财富管理的开放共享发展。

恒丰银行是唯一一家总部在山东的全国性股份制商业银行，理财子公司在 2021 年落户青岛崂山区。未来，恒丰银行将以打造一流数字化敏捷银行为愿景，以恒心、办恒业、共恒丰，努力为山东省和青岛市现代化建设贡献新的更大力量。

构建中国金融服务生态，实现财富管理的高质量发展

杨明辉*

中国资本市场经过30年的发展，A股总市值已经超过80万亿元，成为世界第二大股票市场，在“建制度、不干预、零容忍”的方针指引下，中国资本市场发展将步入黄金时代的新征程。一是在“入口端”，后续将稳步在全市场推行注册制；二是在“出口端”，新一轮退市制度改革正式落地，上市公司的优胜劣汰也将加速；三是投资端与融资端将形成正向循环，增配中国、增配权益成为必然趋势。

中国经济高速发展的同时，居民财富也快速增长，居民可支配收入较五年前增长近50%。据统计，截至2020年底，中国个人金融资产总量已经达到205万亿元人民币，创历史新高。创富的同时，守富、传富成为当下热门话题，财富管理需求持续高涨，以个人金融资产计算，中国已成为全球第二大财富管理市场，财富管理行业正迈向全新的发展阶段。

中信证券2018年率先在行业提出“全面向财富管理转型”。本着“以客户为中心”的经营理念和“帮助客户实现资产保值增值”的经营宗旨，中信证券不断丰富产品和服务体系，强化核心财富配置能力，大力培育高素质专业人才队伍，贯彻全球一体化发展要求，整合境内外零

* 杨明辉，时任中信证券股份有限公司总经理。

售与财富管理，探索为客户提供境内外全产品服务。经过两年多的努力，我们取得了一些成效：2019 年 2 月中信证券的财富管理客户资产规模为 5 万亿元，2020 年 7 月达到 10 万亿元，29 个月实现翻番。零售客户中，目前人民币 200 万元以上的财富客户数量达到 14 万户，人民币 600 万元以上资产的高净值客户数量达到了 3.1 万户，分别比上一年增长了 11%和 15%。中信证券坚持引导客户通过资产配置提升盈利能力。2020 年，客户资产配置的客户账户盈利占比达到了 90%，是股票交易客户盈利占比的 1.7 倍。中信证券坚持引导客户长期投资，公募基金、私募基金保有规模较 2017 年增长了近 3 倍，财富管理收入在经纪业务总收入的占比提升到 23%。

财富管理不仅是管理客户的现金资产，更要帮助客户管理好股票、基金、外汇等金融资产，甚至拓展到商品、仓单、库存、物业等非金融资产，还要帮助客户解决融资等负债问题，为客户提供满足其多元化、全球化的交易和配置需求的综合性金融服务。在为财富管理提供底层资产的板块中，中信证券资产管理业务线和华夏基金合计管理规模超过了 3.2 万亿元。中信证券还拥有覆盖债券、股票、衍生品和外汇等多品种、境内外多市场、全天候的投资交易能力。未来我们将继续提升资产管理能力、提高产品供给能力、完善交易服务能力，为投资者提供境内外一站式投资交易服务和综合解决方案，为客户提供涵盖更多资产类别、覆盖境内外市场的综合金融解决方案。

财富管理不仅是“以客户为中心”的资产配置，更是围绕客户生命周期，匹配其风险收益特征，满足各种生活目标的投资、融资、保险、传承、养老等综合性服务。贯穿客户生命周期的财富管理是居民实现美好生活的一部分，也是应对人口老龄化的手段之一。中信证券资产管理业务线和华夏基金合计养老金产品管理规模已经超过 6200 亿元。

财富管理不仅是管理客户的投资，更要帮助客户管理其事业、家业，需要给客户提供关于财富人生、企业发展、家业常青、家族传承等相关专业的服务和有温度的陪伴。随着财富管理和综合金融服务的不断深入，我们建立了一支高素质的专业队伍，目前有超过4700名投资顾问；培育了一支经验丰富的多层次配置专家团队，资产配置能力不断提升。其中，中信证券为客户提供的财富配置业务成立一年以上账户全部取得正收益，累计收益率在20%以上的账户占比超过了85%。未来中信证券将继续发挥投资银行的投资交易和研究的基因，持续提升资产配置、策略顾问、财务规划、税收筹划等能力，为客户提供涵盖个人、企业、家业的个性化解决方案。

今年是“十四五”的开局之年，也是乘势而上开启全面建设社会主义现代化国家新征程的起步之年，站在两个一百年奋斗目标的历史交汇点上，中信证券始终牢记“人民对美好生活的向往就是我们的奋斗目标”。我们将充分发挥资产配置能力和投资顾问的专业作用，全程陪伴投资者，改善投资体验，优化投资效果，促进居民储蓄向投资转化，将普惠金融落到实处，帮助客户实现资产保值增值，为居民提高财产性收入、国民增加养老金储备作出努力，为提升人民群众的获得感、幸福感、安全感贡献应有的力量。

抗击疫情必须全球通力合作

Leslie Maasdorp（莱斯利·马斯多普）*

现在谈论“疫后的全球经济复苏”并不准确，因为此刻疫情还在继续，很多国家还在受到新冠肺炎疫情肆虐的影响，尚不可知疫情什么时候可以结束，也不知道各国采取干预性措施应对危机的效果。

应对全球性质的危机，多边银行扮演着非常独特和关键性的角色。新冠肺炎疫情、生物多样性丧失、气候变化、人口迁移等，这些都是全球性的公共问题。它们的解决单靠某个国家是不可能完成的，要靠各国政府与国际社会在多边框架下的协调合作。因此，多边银行可以扮演这个角色，因为我们工作都基于协调。

我认为此刻我们可以反思历史，以史为鉴。举个例子，上一次全球范围内的严重疫情危机——西班牙大流感的危机，持续了两年左右的时间，但导致了 1929 年金融危机，以及随之而来全球政治的紧张局势，直至纷争、战乱。战后经过布雷顿森林会议，全球多边体制基本形成，带来了持续 70 年的所谓全球化黄金时代。

这些多边体制不是一夜之间就自然能建立起来的。当世界真正迈入后疫情时代后，我们要反思，我们仍然要发挥多边体制的作用，因为它是具有逆周期属性的。金融市场更多关注短期盈利，因此会引发流动性

---

* Leslie Maasdorp（莱斯利·马斯多普），时任金砖国家新开发银行副行长兼首席财务官。

信贷枯竭，但多边银行会采取更加长期的视角。

中国在继续发挥多边机制作用中扮演了关键的角色，特别是过去5—6年中。2015年金砖国家新开发银行创建，总部位于上海。同一年，亚投行也正式成立，总部在北京。新开发银行和亚投行是两个非常重要的、总部位于中国的多边机构。在此次疫情中，新开发银行也非常积极并精准地帮助成员国解决新冠肺炎疫情带来的相关问题。

举个例子，新开发银行设有一个100亿美元的紧急援助项目，主要用来支持我们的成员国，即五个金砖国家应对疫情的额外政府支出。在疫情最初始阶段，第一笔紧急援助资金给到了中国。2020年3月，新开发银行在以快速通道方式批准向中国提供总额为70亿元人民币的紧急援助贷款，用于支持湖北省、广东省和河南省抗击疫情有关的公共卫生应急支出，包括设备和应急物资采购以及医院、病房和实验室建设等。

除了应对新冠肺炎疫情，大家还应特别关注深层次、长期的问题，特别是全球经济所面临的气候变化的挑战。在这方面，中国也扮演了坚强的领导力角色。2020年9月，习近平主席提出了双碳目标，即2030年碳达峰和2060年碳中和的两个目标。在这个目标下，金融行业的工作重点应包括支持实现低碳目标的转型，这是我们保护地球必须要迈出的一步。

最后，全球正在面临着一些新的挑战，一种由新冠肺炎疫情带来的新的不平等。在新冠肺炎疫情中，各国管理水平展现出了不平等，发达国家、高收入国家财政比较充实，能够更好地研发、生产、分配疫苗，并可以让更多的国民接种疫苗，对防御疫情起到了关键作用。但更多的低收入国家现在仍在挣扎中。

第二章

金融开放与跨境金融合作

坚定不移地扩大金融对外开放是实现中国金融市场发展市场化、国际化的强大推动力和提升国际竞争力的关键之举。通过丰富外汇市场产品和境内外参与主体，推进私募股权投资基金跨境投资改革，扩大中国居民境外资产配置空间，在开放地区逐步推出“跨境理财通”业务，支持企业跨境融资和贸易跨境收支等举措，提升跨境贸易投资自由化便利化水平，有效防范跨境资本流动冲击，维护金融稳定和国家经济金融安全，服务更高水平开放型经济新体制。

推进人民币国际化的七点建议

管　涛*

2020年10月24日，中国人民银行行长易纲参加外滩峰会时提出，中国金融服务业开放的负面清单已经基本清零了，从法律上我们确实做到了，但是外资机构的经历则表明，在实际操作过程中还存在许多实质性的许可，距离真正做到负面清单清零仍有很大距离，我们要真正把对外开放的承诺落到实地。

今天我结合“十四五”规划纲要，谈谈对金融开放的想法。有一种普遍的观点认为，中国有着超大的经济体量，对外开放程度高，对外贸易、投融资规模比较大，但是人民币的可兑换现状和潜力相比差距仍然较大。

国际货币基金组织（IMF）特别提款权（SDR）的篮子中有五种货币，其中只有美元在国际储备货币中的占比超过了其在SDR的权重，美元在SDR中占比41%，在披露的全球外汇储备的比例不低于60%，欧元只有20%，但其SDR权重有30%。人民币是SDR的第三大权重货币占比10.9%，但截至2021年第一季度末，人民币在全球外汇储备中的占比只有2.4%，两个数字间有很大的差距，这就是我们追赶的空间。

在国际货币体系里存在路径依赖效应，大家对于使用传统的国际化

* 管涛，时任中银证券全球首席经济学家，国家外汇管理局国际收支司原司长。

货币形成了习惯，交易成本也越来越低，除非有巨大的冲击发生，否则大家不会随便改变交易习惯。SDR 中篮子中的五种货币除了人民币之外的四种货币在众多国际货币指标中的占比能达到 80%—90%，其中美元和欧元的占比在 30%—50%之间，其他两种货币的占比只有个位数。为什么美元能有超过经济影响力的权重呢？一是美元资产具有很有深度和广度的金融市场，持有非常便利；二是当地金融开放程度比较高，以三个重要标志——资金自由进出、自由兑换、汇率管理浮动为特征。

因此，人民币国际化的追赶空间和中国金融市场的开放程度、发育程度、监管水平的客观现实是相适应的。

从这些现实出发，我认为可以从七个方面推进人民币国际化：第一，加快构建新发展格局，通过供给侧改革和高水平开放实现高质量发展。中国经济增长速度的下行可能是大势所趋，中国需要从过去追求经济增长速度转向经济增长的质量，经济强则货币强，只有把经济搞好了，货币才能行且致远，走出国门。

第二，加快发展境内的金融市场，中国的股票、债券、期货市场等的规模在国际上名列前茅，但是大而不强，需要把这些市场做深、做透，有流动性，让投资者能够接受和认可。至于外汇市场，人民币在全球交易量全球第八，与国际上的差距更大，需要加速追赶。

第三，提高对外开放水平，要从过去的商品要素流动性开放转向制度性开放。从短期来讲，我们的开放尽可能稳中求进，避免政策的反复，不应为了开放而开放，不要操之过急。另外，要提高法律层次的开放，形成开放的、稳定的、可预期的制度环境。

第四，加快构建现代的财税金融体系，提高宏观调控效率，促进经济健康平稳发展，同时提高政策透明度和公信力，保持人民币的购买力，增强人民币的国际吸引力。当前全球主要央行都在实施非常规的货币政策，中国保持人民币资产的正收益状况，对人民币的脱颖而出有很大帮助。

第五，在人民币走出国门的过程中，应通过制度建设、基础设施的完善，为人民币的跨境流通使用创造更加便捷，更加市场友好型的环境。

第六，坚持创新发展，加快转变外贸发展方式，从以价取胜转向以质取胜。跨境人民币的试点以贸易为基础，政策上亦有鼓励，但目前为止跨境贸易以人民币计价结算的比例不到 15%，其中很重要的原因是企业议价能力不足。我国在 2020 年经济和外贸都实现正增长，但海关数据显示，2021 年前四个月贸易条件有所恶化，进口在涨价，出口的价格指数稳中有降，反映出我们的定价能力不足，影响了以本币计价结算的推进。

第七，按照“十四五”规划，提高开放环境下的风险防范和应对能力，完善监管手段，从过去的以行政审批数量为主，转向宏微观结合。

金融业的高水平开放重在实质性落实

陈兴动*

我在金融行业从事几十年，金融开放是我一直关注的议题。今天，我将围绕“中国金融业新时期高水平开放重在高水平的实质性落实”，讲述三个观点。

第一，到目前为止，中国金融业开放水平不低，但是效果不理想。我们以OECD的一个指标，即外国投资监管限制指数来看中国的开放程度。这个指标的范围为0—1，最开放是0，完全管制是1。1997年，中国的数值为0.68，从2014年的0.58降到2019年的0.24，到2020年，我们的监管指数降到了只有0.21。从开放角度来讲，用这个数值是比较合适的。2020年，中国继续出台一系列的改革开放，取消了QFII、RQFII的投资额度限制，放宽了外资投资者外币汇出比例限制，给予外资机构非金融债务融资工具A类主承销资格，彻底取消银行、证券、期货、人身保险领域外资控股的投资比例限制，取消企业证券评级、信用评级、支付清算等领域的准入限制，给予外资金融机构国民待遇等。

开放的力度很大，但是开放的效果不理想，我们用四个指标来衡量一下。首先，外资持有的中国金融资产不足2%。2001年中国加入WTO时，时任总理朱镕基提出15年之后，外资金融机构持有中国的金融资产应该占30%以上，目标与现实差距很远。其次，是外资金融机

---

* 陈兴动，时任法国巴黎银行（中国）有限公司董事总经理、首席经济学家。

构业务占中国金融业务比重不足3%。再次，人民币在国际结算、在国际外汇储备总量的占比均小于3%。最后，外国居民、专业从业人员在中国金融业中的就业人数极少。根据2021年5月份最新的人口普查数字，港澳台、外籍人士在中国居住超过3个月以上的总人口是1430695人，就业的人为444336人，深入就业的只有77008人，在金融业就业的更是凤毛麟角。

第二，阻碍切实开放的阻力是对对外开放风险的担心，但不开放不意味着中国金融风险就下降了。我们经常可以看到一个观点，即正因为中国不开放，所以避免了1997年亚洲金融风暴和2008年全球金融风暴的冲击。世界银行前首席经济学家曾经就此讲过一个喷气式飞机理论，喷气式飞机存在坠毁的可能，但同时它提高了运输效率，利益大大超过成本，因此大家仍然选择乘坐飞机。中国的改革开放已经走过40多年，金融开放也走过了六个阶段，表现出来了在法规、制度上的开放，但仍有很多不开放的地方。这种现象是由几个原因造成的：首先实质性领域没有开放，例如人民币资本项下的开放，国际货币基金组织对于开放的定义牵扯到资本项下大概有40项，中国有3项没有开放，但这3项恰恰是最关键；其次是担心失去对金融活动的控制，这关乎信心和方法；再次是中国正在经历资源的资本化，这个过程当中有大量的利益，金融市场的开放可能会带来损失；最后是金融监管严格的问责制度。打个比方，我们现在金融开放的过程就像玻璃旋转门，表面上看是开放了，前途一片光明但是找不到出路。

开放不足带来的后果是债务率上升，不良资产增加，各种金融创新透明度不足，这些又加重了对金融风险不断积累的担心。股权融资在社会融资中的比重从2014年的2.5%增长至2020年的2.9%，如果将债权融资计算进去，股权和债权两项的直接融资比例由2014年的27.3微涨到2021年6月底的28.5，仍然偏低，我国直接融资显然发展不足。国内投资者对资本市场，特别是股票市场信心不足，与开放不足有很大关系。

第三，我建议以现实的态度，设计和实施更高水平的金融开放。引用中国人民银行国际司司长朱隽的说法，自 1978 年改革开放以来，中国金融业已经走过了五个开放阶段，即 1978—1991 年的金融业开放试点，1991—2001 年开放起步，2001—2006 年金融业落实入世承诺，2006—2017 年的区域、双边自贸协定推动的金融开放，2017—2020 年自主扩大的金融业开放，现在我们已经迈入第六阶段，对标 CPTPP 的高水平开放。中国金融开放的外部环境发生了巨大的变化。逆全球化与去全球化成为许多国家的政策，美国将中国定义为最严重的战略竞争对手，与中国展开激烈的，甚至是对抗性的竞争。在这种大环境下，金融资产管理应该是中国下一阶段开放的重点。

全球低收益投资环境下的中国投资潜力

浦　彦*

在我个人从业的20年间，见证了中国改革的步子越迈越大，创新越来越快，投资者也切身感受到了回报的改善。

Vanguard（先锋领航集团）是一家管理资产规模达到8万亿美元的资产管理公司。我首先希望谈一下多元化投资的重要性。多元化投资的理念已经广为人知，长期投资坚持低成本、全球多元化的投资组合，更符合投资者的风险偏好和回报需求。如果投资者只投资一国国内的股市，往往更容易受到国内局部市场的影响，增加对国外市场的投资，则获得更广泛的经济敞口。与中国市场在全球市值的比重相比，中国配置海外资产的比例是偏低的。中国作为全球第二大经济体，外资配比仅有3%，比较来看，美国的外资配比达到22%。

中国股市和海外股市相关性比较弱，主要有三个原因：第一，过去二十年中国资本管控阻碍了资金跨境流动，降低了相关性，虽然现在资本管控有所放松但效果依然存在；第二，海外资本的参与度一直保持在很低水平；第三，与中国的宏观政策相关，中国政府借助信贷供应和财政措施着眼于增长、就业和社会稳定的目标，因此，中国国内经济周期的频率和发达国家存在很大差异。因此，投资中国股市具有风险分散的效果。此外，投资在中国A股市场可以获取更高的超额收益。信息不对

* 浦彦，时任Vanguard集团董事总经理、中国区投资管理部主管。

称、散户的参与度和不理性行为，以及不成熟的价格发现机制等因素，造成了个人感受不到A股的收益潜力，但专业的基金经理在中国市场上有能力捕捉到更大的收益。主动基金经理过去五年间在中国的超额收益达到3.1%，在海外发达国家甚至其他新兴国家的市场平均超额收益只有0.2%。可以看出，在全球低收益投资环境下，中国的空间比较大。

下面谈一谈跨境合作可以为中国投资者，尤其是资产管理方面，带来怎样的好处。我们很高兴看到中国金融市场开放深度不断深化，欢迎更多外资专业金融机构在中国形成良性竞争，让市场变得高效透明，让中国投资者有更多机会接触到更多投资产品和理念。

要通过跨境合作进一步促进中国市场形成健康和自由的竞争体系，不仅需要把每一个项目做好，更需要把每一个项目落实到细节。具体我有三点建议。

第一，允许并鼓励外资把更多海外先进系统在中国落地和运用，其中很大部分是风险控制系统。对于中国的基金经理来说，他们的海外投资经验相对欠缺，对海外风险的把控也没有那么深入。外来的风险管理系统可以帮助他们更好地投资海外市场。

第二，随着外资在中国布局加快，日益面临人才紧缺、成本高昂的问题。上海、深圳等金融中心出台了吸引人才和外资的优惠政策，包括税收政策等，我们还希望建议考虑证书互认、资质考试双语化等，这将对外资的精英更加友好。

第三，加快行业佣金制改革。有些外资可以带来比较好的投资理念和更加丰富的投资产品，但是最终要让投资者真正受益，需要从根本上改变产品分销模式。在佣金制下，不利于行业发展，阻碍了基金规模健康增长，有损投资者的长期回报，佣金的改革也是一个比较重要的改革。

中国在跨境金融合作和市场开放方面的举措和成效有目共睹。Vanguard希望和各位一起服务中国和海外投资者，期待看到一个更加繁荣多元化的中国市场。

建设人才和机构自由安心成长的市场环境

Rosario Strano（罗萨里奥·斯特拉诺）*

金融业务的开放，为中国带来了具有创新精神和专业知识的外国参与者，提供了新的增长基础。近年来，我也切身体验到了中国监管机构在标准化的资本市场中促进金融产品供给和创新所作出的努力。

意大利联合圣保罗银行与中国的渊源可以追溯到 1981 年，从那时起我们就密切关注中国的机遇和新政策，到现在可以非常骄傲地说，我们能够通过不同的分支机构涵盖更多的金融业务。

必须提到青岛意才基金销售公司，它获得了长足的发展，同时联合圣保罗银行与青岛国资委下属公司合作，从 2018 年开始就是青岛银行的外资股东，这些都是我们在中国的战略布局。我们要适应中国投资者，为他们提供最佳的综合实践，并根据客户需求提供国际标准的服务。意大利联合圣保罗银行的业务目前已经遍及全球各地，可以支持国内机构和个人投资者在海外开展各项投资业务。

我们观察到近年来中国的跨境投资有了显著增长。在各种政策的支持下，机构和个人投资者逐步开放资本和金融账户，为外国投资者在境内投资以及境内投资者到境外投资都提供了机会。这也使得跨境资本流动增加成为了可能。例如像沪港通、债券通、基金互认等，以及即将推

---

* Rosario Strano（罗萨里奥·斯特拉诺），时任意大利联合圣保罗银行“中国发展项目”总负责人。

行的跨境财富管理连接试点项目，都让跨境资本流动的增加成为了可能。虽然中国金融业的开放进程还有待进一步加强，但国际收支数据切实表明了金融账户比过去更加自由。

尽管有新冠肺炎疫情带来的困扰和中美之间的贸易和经济摩擦，但2020年中国FDI流入达到2120亿美元，比2019年的1870亿美元增长13.4%。中国的对外直接投资额在2016年曾达到过2160亿美元的峰值，首次超过了外来直接投资额，但在接下来的几年里，这一数值稳步下降，符合中国政府对于非生产性对外直接投资不鼓励的态度，部分也要归因于一些国家设立的投资审查机制。2020年，中国对外直接投资为1100亿美元，几乎只有外来直接投资的一半。再来看投资方面，2020年，境外对华证券投资流入2550亿美元，境内实体对外证券投资流出1670亿美元，都是迄今为止最高的纪录。中国在岸的证券市场规模位居世界第二，股市是世界第二大资本市场，市值近12万亿美元，再加之许多发达经济体政府债券收益率为负，中国金融市场的规模和提供的多样化机会对国际投资者具有非常大的吸引力。近年来，投资者越来越多地进入这些市场，但仍然还受到诸多限制。与此同时，监管规定限制了中国投资者进入外国金融市场，事实上，虽然过去十年投资外流出现了显著的增长，但投资的流出一直稳定低于投资的流入。金融市场进一步开放和人民币进一步国际化仍然是中国政府的既定目标之一，也是国际社会的一大期望。

金融开放必须与全面放开利率和健全银行体系齐头并进，这离不开广泛的、流动的和监管良好的国内金融市场。事实上在中国，金融市场的自由化发展与监管，银行体系的稳健都在迅速改善，很多标准已经与发达经济体的现行标准相当一致了。我们认为稳定和透明的金融市场进一步自由化既要符合国际标准，同时也不应当受到与其他国家可能出现的暂时性的紧张的国际关系的影响，这对中外投资者都是有利的。要赢得国际和国内投资者完全和无条件的信任，就必须扩大和稳定金融开放，促进专业知识的获取和交流，同时这将有益于人民币国际化进程的加快。

关于财富管理产品，2018 年 4 月份，金融监管机构发布资产管理新规，禁止银行为理财产品提供本息担保，并要求银行加强对非标资产的流动性管理，并要求银行在 2020 年 12 月之前遵守该规定。自资产管理新规首次宣布以来，各银行努力使理财产品符合规定，但仍然面临一些困难，他们仍然持有大量期限较长的非标信贷资产。由于新冠肺炎疫情带来的紧急情况，中国已经批准了对现金财富管理产品的新规实行延期到 2021 年 1 月份，其他理财产品延期到 2023 年。完成这些转型需要支持，也需要为国内投资者提供新的资本流出机会和对外投资机构的选择。对外投资机构可以使中国的投资者在资产和货币方面的资产配置更加多样化，从而创造更加稳定的投资组合，更好地保护中国个人和机构财富的安全，并利用全球市场的机会更好地进行财富的增值与积累。另一方面，外国投资者也越来越多地参与到中国经济和中国金融市场发展。这些都是改革开放以来金融开放与发展的有力证明。

意大利联合圣保罗银行一直致力于融入中国的金融服务，顺应中国市场改革开放的步伐，我们致力于支持中国一直以来的政策。鉴于此，一个健康、稳定、开放的市场必然需要专业人士和各国的交流来共同维持，我们需要建设一个能令人才和机构自由和安心成长的市场环境。

我们也希望疫情可以尽快得到有效控制。自疫情暴发以来，数字化为持续有效沟通提供了很好的保障。但我们也不得不承认，处理重要事宜，包括建立重要战略合作伙伴关系等，面对面的沟通还是非常有必要的，当面的交流可以减少文化差异带来的误解，可以有效促进战略合作伙伴关系。对于疫情的影响，我希望分享两个观点：第一，中小企业承受了疫情带来的最直接的负面冲击，因为它们没有雄厚的资金来源或国际资本市场的支持，无法进行正常的生产经营活动；第二，疫情严重影响了跨国并购和合作，没有办法进行跨国的商务旅行就难以有效完成项目评估与商务洽谈。

即使当下面临重重困难，我们都预期在战胜疫情之后会有更多的机会，会有光明且美好的未来，至少我们希望很快在中国就会有更好的机遇。在中国坚定的市场开放政策引导下，我们正处于新兴经济发展的黎明时期，也是新时代货币政策的新纪元，中国是其中的先锋力量。

监管机构应给予市场自主性与确定性

Georges Ugeux（乔治·乌杜）*

我本人参与过纽约证券交易所的很多国际交易，尤其是中国国企希望在纽交所上市的那段时期。因此今天我希望重点就跨境上市发表一些见解。

一家公司要想提升竞争力，就需要获得必要的资金支持其增长。当公司寻求在海外市场上市，是期望能够获得最大可能规模的投资，支持其进一步的增长和扩张，在国际市场上获得更多的市场份额。

如今我们很高兴地看到，越来越多的人意识到，当我们把海外上市的大门关闭了，首先伤害的实际是本国公司的利益，美国是这样，中国是这样，其他国家亦如此。因为在海外的跨境上市，最终带来的是公司的重要成长，这也是境外上市和一个单纯交易不一样的原因。无论是国企还是私企，在海外上市允许他们获得在本国市场上无法获得的资金支持。

在过去的二十年中，我对中国市场做了大量评估，中国市场的竞争性变得越来越强。越来越多的公司进行了和国际接轨的步骤，他们理解国际上有关信息披露和透明度的规则，这也代表了他们愿意负责任的态度。公司如果希望保持私营，不寻求上市，就可能会引发一定的批评。

---

* Georges Ugeux（乔治·乌杜），时任伽利略国际顾问公司董事长兼 CEO，纽约证券交易所集团前执行副总裁。

他们就可以不寻求在海外股市的上市，这样会带来一些怀疑，也可能会引发批评。十年前，也会有在美国市场进行借壳上市的情况，这样做也存在一定风险。

以上是针对希望在海外上市的公司的建议，对于资本市场来说，如果想要得到外国投资者的拥抱，关键要把制度和重要要素阐释清楚，并且能够回应投资者的疑问。

还有一点非常重要，投资者不喜欢突如其来、预期外的变化。例如特朗普在总统任内突然宣布禁止美国投资者对“31 家中国军方拥有或控制的企业”进行投资。

如果希望让资本市场与国际联通，就要给予市场最低限度的自主权，美国和中国等的监管机构都要保证市场的自主性和确定性。虽然其中免不了政治因素，但不能因噎废食，仍然要相信市场。作为监管者要对资本市场抱有长期的视角，要考虑企业的利益得失。一夜之间逆转市场的游戏规则，会伤人伤己。

最后要意识到，资本市场是国际性的，其中纵然有优势有缺陷，但归根到底，我们的经济增长、贸易增长离不开国际资本市场，企业的成长也离不开资本市场。

对 话

苏琦[*]：外资机构对于宏观政策的变化非常敏感，近一两年中国提出了很多政策，比如说以内循环为主体的双循环格局、共同富裕等。您从财富管理的角度如何理解这些政策?

陈兴动：特别是党的十九大之后，中国有两大战略性调整：第一个就是以内循环为主的双循环战略，第二个要走共同富裕的道路。毫无疑问，四十多年的改革开放，完成了让中国人开始富起来的任务，尽管还没有达到很富，但已经开始进入到发达的初期，人均 GDP 超过了 1 万美元，这个过程中的确不容易。在过去四十多年中，中国是以外循环带动内循环增长，现在最大的挑战在我看来就是内循环能否循环起来，谁来创造初始订单，这就需要国内市场体系的整体重置，企业的生产要对准国内消费者。

对于如何共同富裕的问题，一个途径就是财富管理，到了现在的发展阶段，财富管理是我们必须去面对的一个议题。国民的收入如果要进行内循环，肯定不是循环在投资上，更多要循环在消费上，如何提振消费？首先没有收入肯定没有消费，收入一方面来自工资性收入，另一方面来自财产性收入，财产性收入就要通过理财和资产管理来完成。低收入者和中低收入者同样有理财的要求，过去对这块的发展有一定重视但没有作为核心。

中国进入这个阶段仍然开放，第一，健全国内资本市场仅靠自己是不够的，需要确实把它变成一个国际资本市场来做。我们一定要明白，市场憎恨突然出现的东西。第二，通过过去的开放和实践，机构投资者成长很快，但仍然良莠不齐，我们需要在国际合作中提高自己，但中国

* 苏琦，时任《财经》杂志副主编。

对于国际专业人士的开放仍然不足。从规定上来看开放程度很高，但执行过程就会打折扣。我认为开放应该更加大胆一些。

苏琦：美联储当下面临很大的压力，一方面是全球流动性的供应者，一方面又要顾忌美国国内的通胀和就业率。这种被动扭曲对全球资产管理市场造成了影响。您如何看待这个问题?

管涛：美国是全球中心货币，经济出现困难可以向国际融资，其他国家没有这个能力。人民币正在从外围货币向次中心货币爬升，把美元国际化和人民币对标不现实，人民币还有很长的路要走。

美联储是否面临很大压力?任何政策选择都是有利有弊的。有利方面是美国有能力转嫁危机，美元的国际地位虽然有所下降，但全球对美元依赖仍然很强；美国可以用经济制裁措施打击竞争对手，美国可以借钱不还，可以维持双赤字……弊端方面，最大问题是滋长了美国的过度消费，虚拟经济的过度繁荣造成了贫富差距，随之产生一系列问题。

就美联储本身来讲，它会关注全球的流动性状况。随着美国国际影响力的下降，美联储也那么任性，它的货币政策在某些情况下需要考虑海外的影响。比如说 2015 年美国本应该更早加息，由于海外市场出现震荡直到年底才加息。再一个很重要的变化是美联储货币政策目标有些变化，原来只强调物价稳定，2008 年金融危机以后开始关注就业目标，这次由于遭遇公共卫生危机更加强调就业目标。美联储货币政策如今更多是内向的，考虑国内的就业、增长、物价稳定情况。不管美联储采取什么政策，对全球都会产生影响，任何国家都无法免受其影响。美联储在 2008 年金融危机后的举动让大家都很痛苦，但到现在也没有找到更好的解决方案，需要认识清楚美联储不可能为海外因素牺牲自己。虽然国际社会需要加强各国政策的宏观协调，在实质上，起码在货币政策上是很难的。美联储习惯给出很多似是而非的信号，不会让你获得更多信息。

第三章
期货衍生品与航运贸易金融创新

面对全球贸易的复杂形势，航运市场频繁出现波动与调整。在双循环新格局下，现代航运产业的结构调整和转型升级势在必行。如何发展与创新航运期货衍生品交易，围绕货物、仓单、债权、船舶等港航要素，通过套期保值、对冲风险，有效为航运、贸易和企业提供避险工具，保证物流供应链稳定与畅通，是发展现代高端航运、推动传统运输港转型贸易港、实践金融服务于实体经济的重要手段。

期货风险管理公司要回归中介机构本源

洪　磊*

近年来，对于青岛发展，习近平总书记作出一系列重要指示，赋予青岛建设上合组织经贸合作示范区等国家战略使命，青岛也正以奋发有为的姿态改革创新、开拓进取、加快建设，成为开放创新、富有活力的现代化国际大都市。

本场大会的主题是“期货衍生品与航运贸易金融创新”，这可谓恰逢其时。期货及衍生品市场作为价格发现和风险管理的重要场所，在服务实体经济、优化资源配置、服务产业转型升级、提升我国重要大宗商品价格影响力方面意义重大，尤其以航运指数期货为代表的航运衍生品市场发展，能为航运产业管理价格波动风险、实现航运要素聚集、提升服务能力注入新的动力。

从 2012 年开始，期货公司通过设立专业风险管理子公司，直接参与期货衍生品业务，帮助企业管理生产流通、库存销售以及上下游产业链供应中的价格波动、货物保值、金融融资等风险，经过 10 年发展，在机构主体、业务规模、服务范围和服务效果上都取得了显著进步。

首先，机构实力稳步提升。截至 2021 年 6 月底，在协会备案的风险管理公司共有 91 家，行业总资产 1078 亿元，净资产 301 亿元，注册资本 330 亿元，分别是 2013 年的 43 倍、18 倍和 20 倍。

---

* 洪磊，时任中国期货业协会会长。

其次，业务规模迅速增长。以场外衍生品业务为例，2020 年全年累计新增名义本金 8457 亿元，持仓 1565 亿元，与 2015 年相比分别增长了 120 倍和 87 倍。

同时，业务模式不断丰富。期货风险管理公司从仓单服务、合作套保、基差贸易等期现业务起步，逐步拓展到期权、互换、远期等场外衍生品以及做市业务。

最后，服务实体经济效果日益显著。随着机构实力和业务规模不断扩大，期货风险管理公司服务乡村振兴、国家能源安全，疫情期间助力企业复工复产、为中小微企业纾困解难等均发挥了积极作用。特别是“保险 + 期货”、含权贸易等逐步成为期货市场服务实体经济的亮丽名片。

总结过去发展历程有三点体会：一是处理好市场需求与创新驱动的关系，风险管理服务的创新，应当以市场需求为导向，任何脱离实体经济的创新，尤其是衍生品业务的创新都不能鼓励；二是处理好公司发展与风险控制的关系，有效的风险控制是公司规范健康发展的保障，公司业务发展规模必须与经营管理水平、风险控制能力相匹配；三是处理好行政监管与自律管理的关系，相比行政监管，自律管理具有成本低、前瞻性强等优势，在业务创新阶段更有利于市场和机构的发展。

为了进一步规范期货和衍生品市场的发展，促进市场功能发挥，2021 年 4 月《期货和衍生品法》（草案）开始向社会征集意见。协会所征集的意见主要涉及完善期货法调整范围、规范期货交易行为、放松期货交易管制、加强期货市场监督管理、防范期货风险等方面。今天借此机会探讨期货风险管理公司下一步发展方向，以及自律管理如何更好服务行业未来发展。

随着风险管理业务的探索发展，期货风险管理公司的定位和目标日渐清晰，就是回归中介机构的本源，以服务实体经济为目标，立足大宗商品交易商角色定位，围绕企业风险管理需求，突出两大能力，打造三大业务。两大能力主要指定价能力和交易能力，三大业务具体是指期现套保业务、场外衍生品业务和做市业务。

首先，从全面风险管理角度理解期现套保业务，积极服务实体经济。在传统的套保模式下，风险管理公司为企业提供套期保值等风险管理咨询建议，承担风险对冲损益的主体还是企业本身。随着风险管理公司综合实力和专业能力的提升，能够承接企业风险，实现企业不进场、企业风险进场的服务效果。同时，企业风险管理需求由原来的短期性、单一价格保值发展成为长期性、综合多元的稳定经营需求，应用场景也更加丰富，传统套保业务实质已经演化为一揽子综合风险管理服务。具体来说，一是重点解决企业价格波动风险。通过场内场外套保工具，运用基差贸易、含权贸易等方式帮助企业管理采购、销售、库存等经营环节的风险，增厚企业经营收益。二是重点解决中小企业融资难的困难。发挥风险管理公司在仓单、现货保值、仓储管理等方面的优势，将银行等传统金融渠道“对人不对货”的信用审核原则转化为“对货不对人”的审核标准，重点为银行不愿贷、不敢贷的中小企业提供仓单融资服务，解决企业经营资金的困难。

其次，做大做强场外衍生品业务，满足实体经济个性化风险管理需求。大力发展场外衍生品业务，一方面可以更好匹配企业风险管理需求，另一方面也可以对场内市场进行有效补充。期货风险管理公司通过与交易对手签订一对一的场外协议，有效解决场内标准化合约和企业个性化需求之间不匹配的问题。同时企业通过参与场外市场，用更少的资金成本实现场内风险管理的效果。即便市场预期判断失误，损失也很轻。此外，期货风险管理公司通过对冲交易将协议对手方，尤其是产业客户类对手方，对价格认识和判断间接反映到场内市场，进而提升场内市场的定价质量。期货风险管理公司应在场外期权的基础上不断丰富远期、互换等场外工具，逐步扩大场外衍生品交易规模，拓宽服务实体经济的深度和广度。

第三，做好做活做市业务，为市场提供更多流动性。合理的流动性不仅是期货市场风险管理功能得以发挥的重要前提和保障，也是市场具有弹性、韧性和吸引力的重要标志。期货风险管理公司两大核心能力之一就是定价能力。只有保证相应人员、资金和信息系统的建设投入，持续提升做市团队专业能力，不断优化做市策略，才能发现和提供更合理的价格，为市场提供持续的流动性支持。

最后，调整优化协会自律管理体系，不断适应市场、机构、业务的新发展。一是大力培育交易商群体。目前利用期货及衍生品市场管理风险的主体有两类，一类是自营商，用自有资金参与期货及衍生品市场套期保值，管理生产经营风险，这类主体也成为重要衍生品市场参与者。另一类是交易商，通过专业能力，运用期货及衍生品工具，为他人提供综合风险管理的服务。期货风险管理公司就是典型的交易商，通过专业分析和定价能力，为实体企业量身定制个性化风险解决方案，通过场外市场和场内期货市场将承接的企业风险转移给市场其他参与者。

《期货交易管理条例》明确规定，期货公司以及其他专门从事期货经营的机构应当加入期货业协会，目前协会的会员主要以期货公司及其子公司为主，下一步协会将逐步扩大会员的类型和范围，探索建立“好人举手”制度，探索一条以信用管理为基础的交易商培育路径。

协会将逐步吸收以现货贸易企业为主体的自营商（也称为重要衍生品市场参与者）为观察会员，当自营商具备成熟的交易策略、良好的信用记录并且以相应的交易数据作为支撑和证明时，可以主动向协会申请成为普通会员；当自营商不仅仅以管理自身风险为主要经营目标，而是以创设场外衍生品产品、提供流动性做市，并以此为主要盈利手段时，应申请成为交易商会员，为更多的市场主体提供服务。同时，履行更为严格的净资本风险管理、信息报送等要求。

二是加强期货及衍生品行业专业人才的培养，高水平、专业化人才队伍是市场发展的基石。协会自成立以来就以资格考试为抓手，下一步根据行业发展需要继续为行业办实事，持续完善考试制度，修订从业人员培训教材，增加衍生品专业知识覆盖力度，强化以忠实义务和审慎义务为内涵的信义义务教育理念，把好行业人才入门关。继续加强培训平台的建设，围绕提升核心定价能力和交易能力完善课程培训体系，推出从业人员水平考试，针对交易商、经纪商、商品基金经理（CPO）、商品交易顾问（CTA）等开展针对性、系统性培训，全方位提升行业人才队伍专业水平。

三是优化完善自律管理体系，配合期货和衍生品法立法进程，推进协会自律管理体系改革，把协会真正打造成为期货行业的协会。一方面对会员实施差异化自律管理，对于自营商等观察会员主要以信用管理为主，通过信用机制将市场机构与监管自律的博弈转化为市场机构服务能力与市场需求发展的博弈。对于为他人提供风险管理服务的交易商会员，建立以净资本风险敞口为核心风险指标的管理体系。另一方面，提升行业现代化治理水平，不断激发行业创新发展活力，持续推动行业法治化建设，增加自律管理规则制度供给，让行业发展有规可循，有据可依；推进行业数字化、信息化转型，整合行业数据，挖掘数据价值，让数据真正为行业发展服务。全面提升协会内部治理和综合服务能力，完善优化自律服务平台，加强员工队伍建设，不断创新自律服务方式和手段。

青岛可借鉴新加坡自贸港经验

张皖生*

习近平总书记在十九大报告中指出“探索自由贸易港”，自由贸易港对港口经济转型升级提升有着极大的帮助。

自由贸易港可以分为几种类型，如：国境型、关境型、自由区组合型等不同类型。国境型就是国境内、关境外，例如新加坡自由贸易港，其港口每年3000多万集装箱并不进入关境，与新加坡本土经济活动无关，完全服务国际物流的中转、集拼、分拨。

关境型的自由贸易港，如澳门，它的关境是零关税，产品进入澳门（除4种商品）不征收进口关税，关境内货物进出非常自由，这与我们平时所说的自由港——国境内、关境外格局存在差异。

迪拜则是另一种特殊的自由贸易港。它的关税水平为5%，进入迪拜的产品要征税，为什么又叫自由港贸易呢？那是因为在迪拜约4000多平方公里的土地上，建有30多个自由区（如同中国的综合保税区），由这些不同功能的自由区集合形成大的贸易便利化环境，对外也称自由贸易港。

青岛港在转型升级和调整产业结构的过程中，本人认为应该借鉴新加坡模式——以国际转运型为主要功能的自由贸易港。10年前，我曾参观过新加坡港口，3000多万集装箱全部在港口转运交接，向单一窗

---

* 张皖生，海关总署加工贸易及保税监管司原司长。

口申报后，其中，也只有约1%的集装箱进入新加坡国内市场，这些进入国内市场的集装箱数据将进入另一个系统，应税货物正常交税，其余的3000多万集装箱货物在码头直接转运走。在货物所有权转移的过程中产生了结算，结算就需要金融服务，新加坡港能够成为一个结算中心，与其大规模的国际物流中转业务有很大关系。新加坡自由贸易港资金自由进出、人员自由流动、货物自由进出，这一切都发生在离岸环境下，与新加坡本土没有关系。

随着新加坡在自由贸易港优势环境下推动的物流配送体系不断发展，世界产业也向新加坡转移，因为，这些企业生产的产品可通过新加坡高效的物流体系向全世界配送。在世界第三次产业转移中，许多企业选择了新加坡。惠普就是一家转移到新加坡的企业。每年生产约1000多万台笔记本电脑，通过新加坡自由贸易港发达的物流配送体系出口到世界各地。惠普在新加坡得到快速发展后，订单越来越多，由于土地制约限制了生产的规模，惠普转移到重庆西永综合保税区，其产能得到快速提升，达到年生产近8000万台笔记本电脑的规模。为了加快产品销售到欧洲速度，重庆创建了“渝新欧铁路”，成为“中欧班列”的起源。曾在新加坡为惠普结算的团队也转移到重庆，三年的结算，为重庆市政府上缴约150多亿元人民币的所得税。如果新加坡的土地面积有青岛11000平方公里的规模，那么惠普也不会转移到中国来，也不会带来中欧班列和所得税可观的国际结算。

青岛具有良好的港口条件，同时，也有强大的土地优势。如果青岛港按照自由贸易港方式打造一个良好的国际物流环境，其发展前景是可观的。由于自由贸易港一词现在比较敏感，可考虑采用自由贸易港最本质的业务，即国际货物转运来打造“国际货物转运基地”。如同自由贸易港的国际货物转运一旦出现，即会对国际结算产生很多帮助，相应产生金融服务，包括期货等都与此有关。国际货物转运涉及中转、集拼、仓储物流、分拨配送等，这些业态的货物都会产生大量与舱单一样性质的数据单证。这些都可作为期货的基础。除此之外，还将会吸引一些国际产业转移，利用青岛的港口和土地资源优势可获得快速发展机遇。

引进有利于国际货物转运的新加坡模式的自由贸易港环境，可能会产生与我国现行规章制度有抵触的政策上的调整需求，解决此问题的办法，我的建议是可以考虑参考2013年国务院第38号文件《国务院关于印发中国上海自由贸易试验区总体方案的通知》中的有关精神。该文件的一个主要精神即是为了试验国际上采用的负面清单惯例，在自贸试验区暂停了《中华人民共和国外资企业法》《中华人民共和国中外合资经营企业法》《中华人民共和国中外合作经营企业法》。如果青岛划出一块土地（比如20平方千米），建设与自由贸易港性质相同的国际货物转运基地，这就需要对接国际惯例，在划定的区域内，经法律规定的程序暂停一些与国际惯例相抵触的国内法律和法规，这将有利于国际中转业务的发展和国际产业的转移，以此促进青岛港转型升级和产业结构调整。

青岛应该如何利用期货助力航运外贸

贺 强*

我国期货市场历史悠久，1990 年 10 月国务院批准在郑州粮食批发市场现货交易的基础上引入期货机制，比中国股市的诞生还早 2 个月，1990 年 12 月上海证券交易所才获准成立。

多年来，我国期货市场经历风风雨雨、一波三折，成长到现在非常不容易。本人亲眼见证中国期货市场从无到有、从小到大，发展至今的全过程。商品期货交易已连续多年世界排名第一，此成绩是期货界全体同仁共同努力的结果。

虽然我国期货市场迅速发展，但是期货市场发展 30 多年以来《期货法》一直没有出台。几年以前，本人曾向全国政协递交政协委员提案，建议尽快推出《期货法》，结束无法运作的时代。全国人大常委会围绕《期货法》的问题邀请相关专家、证监会有关人士研讨，虽然《期货法》已提交全国人大审议，但出台还需要一个过程。

客观上，没有期货界根本大法——《期货法》，所以造成现在监管无法可依的状况。业界创新一个产品，落地一个创新业务，都需要左审右审，但是由于没有依据，相关部门轻易不敢批准。期货本身源于实体经济，依存于实体经济，期货必须为实体经济服务，没有《期货法》在很大程度上影响到我国期货业为实体经济的服务。

---

* 贺强，时任中央财经大学证券期货研究所所长。

由于世界经济发展不平衡，市场风险增加，国内外企业利用期货市场的需求大量增长，特别在全球受疫情冲击、经济滑坡、通胀上升、市场大起大落时，进一步增加了企业套期保值规避风险的需求。

目前，我国与国际联系密切的航运外贸领域受境内外影响很大，价格风险进一步增加。我国集装箱海运约占出口贸易总额 90%，2021 年以来，出口集装箱运力价格大幅暴涨，造成我国相关企业价格风险不断加剧，面对这种局面必须要促进航运、外贸与金融的融合，充分发挥期货避险作用，为航运外贸发展保驾护航。

青岛港航运运力巨大，但是，在金融支持方面，特别是期货支持方面远远不够。2021 年 4 月，青岛市政府发布青岛市国际航运贸易金融创新中心建设攻势作战方案 3.0 版，此方案强调航运贸易必须与金融融合，使期货业更好服务于航运贸易。

对于青岛市利用期货航运贸易，本人有以下建议，期货专业性非常强，光靠自身力量很难发展，青岛市政府和青岛有关方面必须与期货交易所和期货公司加强合作，借力发展。

首先，青岛在建设国际航运贸易金融创新中心的过程中，首先应当设立自己内部专门负责航运贸易期货研究的相关部门，对外开展期货业务合作，加强与期货交易所和期货公司的联系与对接。

其次，加强自身期货相关人才培养，加强涉及航运贸易业务干部和人员的期货知识的教育普及工作，积蓄一定量的懂期货知识的相关人才，经过培训考试建立人才库。

同时，考虑推出与航运贸易有关的期货贸易与产品。不过，产品和业务港口自身很难推出，必须依靠期货交易所和期货公司的帮助设计产品。2019 年，大连期货交易所完成了集装箱运力期货的立项，合约制度设计方案已经完成。国际上，波罗的海航运交易所、纽交所也推出了一些航运贸易的有关期货品种，但是并不活跃、规模不大。如果国内高度重视该领域，抓紧推广这方面期货品种就能占据上风。

此外，有必要充分利用期货场外市场。为解决企业个性化需求和场内标准化产品不能匹配的问题，可以根据航运贸易的货物、舱单、债权、船舶等要素特点，创新场外期货业务，在期货交易所和期货公司的帮助下进行交易，管控风险，更好地为航运贸易服务。

另外，有必要注意研究外汇期货对航运贸易的重要作用。2021 年 7 月 15 日，《中共中央　国务院关于支持浦东新区高水平改革开放打造社会主义现代化建设引领区的意见》正式发布，该文件强调要研究探索在外汇交易中心开展人民币外汇期货交易试点，境内外汇期货交易如果推出，对青岛航运外贸具有较大的影响和作用，所以，青岛港要提前准备和研究。

最后，一个地区要想期货大发展，建立交易市场最为重要。广州现在建立了期货交易所，青岛能否努力争取建立一个国际性航运贸易期货交易所呢？由于现有政策，该设想过于大胆，但不是完全没有可能。

当年，中央批准上海建立国际金融中心，北京市政府也想建立金融中心。本人当年作为北京市政府参事，给北京市领导建议，北京金融机构云集，各大银行总行、各大证券公司总部、各大外国银行办事处、一行三会都在北京，比上海实力都强，北京建立金融中心什么都不缺，唯一缺少的就是金融交易市场。从历史上看，所有世界各地著名的国际金融中心，都是在金融交易市场高度发达的基础上自然形成的，所以，没有交易市场无法形成金融中心。

本人长期研究证券场外市场交易发展，认为北京市有一个机会，可以建立金融交易市场。本人写出一份参事建议，还连续两年递交政协提案，核心内容是解决中小企业融资难，建议在中关村三板市场基础上扩大，建立全国统一的证券场外交易市场。该提案上报证监会和国务院办公厅。2012 年 9 月，国务院批准建立全国中小企业股转公司和股转系统，即在北京推出的新三板市场。

只要有一线希望，就要努力建立金融交易市场，这才是青岛市政府国际航运贸易金融创新中心建设的关键。

以发展航运类衍生品
打造青岛港航产业生态圈

马春阳*

作为一家港口背景的期货公司，港信期货今天正式开业。我希望阐述一下，作为一个微观主体，从企业角度如何看航运和衍生品发展?

我国港口货物吞吐量连续占据全球第一，全国排名前10位的港口中山东占7席，7大港口中，青岛港是其中最大的港口，港信期货的最大股东也是青岛港集团。

我国是全球最大贸易国，拥有比较完整的产业链、供应链，国家一直强调提升大宗商品定价权，青岛港、日照港承接的大宗商品品种包括原油、铁矿石、煤炭、橡胶等，这些都有对应的期货，而且交易活跃，但是，航运期货还未推出。

2021年，中远海控股价暴涨，航运价格暴涨，对贸易类企业影响特别大，上海期货交易所、大连期货交易所也进行了研究，航运类衍生品发展将对港口以及相关企业具有重要意义，体现在三个方面：

一是有助于航运企业风险管理，打破风险在产业链内部转移的传统模式，为航运上、中、下游企业提供运价风险管理工具，下游企业可以作为运力的买方通过期货保值。

二是有利于公司商业模式创新。中国期货市场经过30多年发展，

---

* 马春阳，时任山东港信期货公司有限公司总经理。

已经有比较完善的市场体系支撑、有比较多元开放的产品体系。以前，更多企业主要利用期货进行场内、场外风险管理，更多作用是套利保值。现在，企业是否会操作无所谓，人不进场，货物进场，委托期货公司进行期货管理，衍生出很多新模式，例如运用期货期权期现结合两条腿走路。金融财富管理时代用传统方式无赢利空间，下游产品下跌难以赚钱，海运价格上涨吞食掉利润，未来利用期货、期权等新型交易模式丰富企业商业模式。

三是有助于打造青岛港航产业生态圈。青岛具备港航产业生态圈基础，国际上的传统航运中心就是码头货物装卸、中转、堆存、仓储、物流，如果不能与金融中心衔接，港口功能很受局限，距离建设世界一流港口存在差距。作为青岛港法人公司可以积极参与港航生态圈的建设，有法人公司才可以聚集要素，将全国乃至全球与期货有关的交易所、机构等上、中、下游聚集到生态圈中，通过服务创新助力青岛国际航运贸易中心的建设。

碳交易与期货市场创新前景广阔

William Purpura（威廉·普尔普拉）*

我参与中国期货市场其实已经很长时间，从 2005 年开始，除了过去的两年，我每年都会来中国。我在纽约商品交易所以及过去十多年的工作经历，见证了中国期货市场的发展，虽不是一帆风顺但也取得了巨大成功。也祝贺中国期货交易所（CFFEX）努力所取得的成就，能够开发出这样一个重要市场。期货市场最主要的问题是定价和风险管理，另外就是提供流动性，让这些做事者和投机者可以有利可图。我们也看到中国在这方面也取得很多发展。接下来我希望分享对未来期货市场来说一些很关键的元素，用一些模型来帮助解决气候问题和碳信用。这是一个越来越大的市场，也跟航运密切相关，因为航运是越来越明显的受气候影响因素，未来会受到更多环境相关的限制，管控好这样的风险，在未来极为重要。

青岛是我特别感兴趣的地区，从碳信用模型来说，它跟传统期货结合在一起是个有趣的概念。青岛作为最大的港口，这也是个值得注意的好机遇。我在迪拜也有一家公司经营大宗商品交易，航运永远都是问题，尤其是如果要从墨西哥、南美等运输铁矿石到中国，是复杂又充满风险的。如果我们有航运期货方面的产品，还是要依赖场外交易市场，帮助我们管控流动性风险。如果我们有场外的清算市场就可以提供很好

---

* William Purpura（威廉·普尔普拉），时任纽约商品交易所理事会主席。

的帮助，几年之前我们也做了这样一个模式来进行场外交易，防止出现风险。

回到之前提到的碳的问题，我们看一个模型。交易所会有交易，会有结算，是基于区块链的技术完成的，这些数据都可以被公开，虽然数据本身是匿名的，但可以被抽取、被分析，被任何第三方记录。碳捕获和交易里，交易方可以用这种方式解决自己需求，绝大多数碳的交易都是基于合作的，很多项目没有办法作为抵押物，缺乏流动性的问题，如果我们现在有交易所可以运用资产，可以定价，可以带来流动性，它们可以作为杠杆，所以碳中和里的买卖、交易、报废（carbon retirement）是很复杂的。我同一个叫 AirCarbon 的碳交易所交流过，这个模型对我思考未来模式、未来机遇有很多启发。这样可以简化客户流程，只需在交易所点击几下就可以完成智能合约，这可以避免底层的碳排放被重复计算，并在交易透明化方面增加了额外的安全级别。在欧洲的一些碳排放交易所，用场外交易方式来获得这些碳补偿是很贵的，这就是为什么我们需要有智能合同来解决问题。你可以助力自己的客户持有这些碳补偿，通过同一账户的不同登陆模式，比方说航运可以买卖代币，抵消碳排放的足迹，并且参与到碳市场当中去。交易所会给出涵盖整个碳中和篮子的单个价格基准，包括航运、航空、也可以包括独立的大宗商品。青岛有非常好的自然地理区位，有很大的发展潜力。

我参与了好几届中国财富论坛，这是一个非常理想的创新平台，我们可以借助这个平台探讨重要的事情。项目的开发者可以把碳排放放到交易所上，它们可以变成可替代商品，比如履约、自愿减排，这是很大的市场，对冲基金和银行家可以参与其中，如果他们希望接触一些特定的碳类型，也能增加市场流动性，这些碳中和可以通过注入英国标准学会这样的机构来完成。在它们证券化成代币之前，可以保证合规性。期货市场最重要的就是要有合约的标准性。这样就不会有对手和交易风险，因为所有交易都是实时结算的，它可以降低你的风险，资产将以信托方式持有。所以交易所也不太可能破产，风险也会少一些，市场效率更高，大家更愿意在这样的结构里实时交易。从青岛的角度来说，青岛有自己的优势，集聚了大宗商品、航运、期货、排放这些要素，希望大家要解放思想，创造比传统期货市场更具创新性的做法。

创新金融期货工具，应对市场不确定性

Ling LAI（黎穆棱）*

我们讲的都是期货市场的重要性，特别是金融期货市场，我给大家提一些建议，对青岛建设区域战略性港口可能有借鉴作用。

马达加斯加石油公司是一家规模不大的东非石油企业，是拥有东非最大石油储备的公司之一，它可制成符合国际海事组织 2020 年排放要求的航油。我们的原油可以为往来青岛的船只生产航油。2020 年暴发了新冠肺炎疫情，我是个石油人，在壳牌工作多年，大家都注意到了，现在油价波动非常大。大家非常关注 ESG 环境社会治理的原则，这是全球能源行业必须遵守的基本原则，航运业也免不了受 ESG 影响。像中国远洋是船用油的消费大户。可以参考欧洲过去 10 年的路径：欧洲知名航运公司直接拿到上游的油。中国现在做金融套期保值，还缺一些套期保值的工具，很多公司只能做自然对冲，自然对冲是说拥有原油储备，可以用来为船只加油，无论是在中国还是国际上来说，我觉得这是非常务实的套期保值的工具，目前这个工具特别好用。未来船用油价格上升，上游勘探油品价格也会涨，如果油是自主拥有，不被涨价左右，就是完美的金融市场套期保值工具。

但是，我们作为航运公司而非专做油品的公司，不可能建炼油厂。

---

* Ling LAI（黎穆棱），时任马达加斯加石油公司（MOIL）首席财务官，前英国石油公司亚太首席财务官兼首席商务官。

航运公司经常和港口绑定，因为他们没有套保的工具，例如期货产品来应对价格危机。价格之外，包括中国在内的航运公司，进出各种国际港，需要有办法获得合适的航油。所以价格是一方面，供应上的危机管理是另一方面。欧洲公司也一样，比如像马士基就自己买了上游的产品，甚至一些原油供应国的港口。当然我没有一个解决方案，希望各位金融精英可以考虑，有没有合适的金融工具。作为一个清洁航油提供商，我希望，尤其是在中国，能有更多金融工具对冲价格危机。此外，也希望有更多的航运企业做自然对冲，不仅仅是局限于港口本身，还可以投资上游清洁能源的勘探。

第四章

资本市场助力区域经济高质量发展

随着我国区域发展战略持续深入推进，区域协调发展正在打造强劲活跃的增长极，为经济高质量发展注入新动力。在这一过程中，资本市场作为经济转型升级的催化剂和地方企业做大做强的助推器，发挥着举足轻重的作用。如何根据区域经济的实际需求，创新产品供给，为区域产业发展提供融资功能，通过资源配置引导区域内比较优势产业发展壮大；如何协调解决企业上市过程中的困难，大力支持科技创新企业发行上市，都是资本市场助力区域经济高质量发展的着力点。

社会责任投资大趋势与青岛财富管理新高地

屠光绍*

资本市场是财富管理的主战场，当前，社会责任投资是财富管理一个非常重要的发展趋势，也是现在资本市场上财富管理、资产管理、投资的一个趋势越来越强的主题。社会责任投资在全球目前都是加快发展的大趋势，所以，本人今天演讲的主题围绕“社会责任投资大趋势与青岛财富管理新高地”展开。

社会责任投资是全球大趋势，中国的社会责任投资也方兴未艾。国际上用它三个英文单词的开头字母——ESG 来指代，E 指环境生态，S 指社会责任，G 指公司治理。青岛正在打造中国的财富管理中心、建设财富管理的高地，所以，社会责任投资若能融入青岛财富管理中心建设，也将为青岛建设财富管理新高地起到越来越重要的作用。

青岛应该从以下六个方面借助和顺应社会责任投资的大趋势，促进财富管理中心建设。

第一，社会责任投资会树立青岛财富管理新理念。社会责任投资作为一种新的投资趋势，对于财富管理确立更新的理念非常重要。新理念要与时俱进，进入新发展阶段，要新发展理念，构建新发展格局。新理

* 屠光绍，时任上海交通大学兼职教授、上海金融学院执行理事，中国投资有限责任公司原副董事长兼总经理。

念体现在哪里呢？新发展理念核心是发展阶段，中国改革开放40多年，带来了中国经济的快速发展和社会进步。但是，发展过程中也要更好地思考未来，通过总结发展过程，更好地开辟发展的未来，体现新发展理念和新发展阶段要求，更加注重社会可持续发展、和谐发展、包容性发展。

社会责任投资恰恰体现出一种新的发展理念，特别在财富管理方面需要有可持续发展、协调发展、绿色发展。中国进入新发展阶段，需要高质量发展，不能再走过去曾经走过的一些老路，比如发展过程中，为追求经济增长，追求GDP增长，以牺牲环境、生态为代价。现在，中国发展更需要体现社会的和谐发展，“十四五”规划中，要更多体现共同富裕。所以，财富管理要更多体现社会进步方面的理念。进入新发展格局、新发展阶段，作为市场微观主体的公司，公司治理更能体现各个方面新的要求。所以，青岛打造财富管理中心，首先要有新理念引领，这也是国家进入新发展阶段的要求。

社会责任投资也是全球的趋势，要顺应这种新理念的新趋势。全球化带来了全球经济巨大的发展和增长，但是，对生态环境产生破坏。近年来，全球也在反思全球发展过程中的不平衡、贫富差距。所以出现了美国“占领华尔街运动”、法国“黄马甲运动”、英国脱欧等。这说明社会发展理念，包括财富理念都在反思。

财富和资产管理领域的新使命就是要树立这种新理念，履行这个新使命。青岛财富管理中心建设中，社会责任投资首先在理念上要引领，新理念引领上有新进展，一定会提高财富管理的高度。

第二，社会责任投资会开拓青岛财富管理新空间。一方面，增加了青岛财富管理的新维度。过去，资本市场上投资一般追求投资收益、财富增长，更多关注风险和收益。现在，在更多社会责任维度中，不是简单看收益和风险，要增加新的维度，财富有社会责任的新含义。虽然资产和财富管理中收入增长了，但是能不能为社会和谐贡献力量？比如企业投资不只看收益，还要看企业经营活动中有无损害环境生态等问题。

青岛财富管理的新空间就是要有新维度。

另一方面，扩宽了财富管理的广度。财富管理不能仅局限于过去的分析和投资方法，还要扩大财富管理领域空间，在进行投资、资产和财富管理时，不能简单买与卖，要更有长度、更鼓励长期投资，长期投资既带来收益增长，同时也对社会进步有更多促进，让市场更可持续。所以，社会责任投资能开拓青岛财富管理新空间。

第三，社会责任投资会创新青岛财富管理新方式。传统资产管理和投资过去有很多投资方式、手段、策略，但是社会责任投资更创新、丰富了财富管理的一些新方式，财富管理有了更多角度。例如在研究财富管理战略时，要将社会责任投资纳入财富管理战略规划；在研究投资策略时，也会有社会责任投资，形成具体投资策略；在资产组合和产品工具利用时，更多考虑社会责任投资在财富管理中的策略。与此同时，也出现了一些与社会责任投资有关的产品和工具，一些不同主题、不同类型风格的基金，会以社会责任投资作为一种基础，它们会完善和创新青岛财富管理新方式。

第四，社会责任投资会推动青岛财富管理新开放。青岛正在推动财富管理的开放，社会责任投资会产生更新层次的开放。社会责任投资首先会带来制度开放——规则、管理和标准。社会责任投资恰恰在投资一些规则，特别是投资标准方面，会带来最新的开放。另外，社会责任投资是全球新趋势，和全球同行和全球社会责任投资形成更多互动沟通、相互促进。在此过程中，中国会提供中国的贡献，会开放更新的层次。

第五，社会责任投资会形成青岛财富管理新生态。过去，财富管理包含营商环境、生态环境，社会责任投资又有新的内容与因素。社会责任投资过程中，确实需要同政府和市场更好互动，规则和标准制定需要市场的力量，也需要政府和监管部门的指引。

社会责任投资会要求更多实际经济与金融机构、投资机构的互动。社会责任投资首先需要投资具有社会责任的企业，要鼓励企业带头履行社会责任，推动社会责任投资，金融资源的进步，会起到一个基础的支撑作用，形成实体经济和财富管理的互动。同时，行业的发展和社会责任投资的营商环境也要形成良性互动。围绕社会责任投资，营商环境要从过去更多关注简单为投资机构、财富管理机构提供一些财政、税收政策支持，转向更多关注财富管理机构的绿色投资、社会责任投资、公司治理上，这一定会形成青岛财富管理新的生态。

第六，社会责任投资会打造青岛财富管理新优势。青岛打造财富管理中心具有一定的优势，首先，青岛有历史底蕴，青岛所处的齐鲁大地，过去古代商业文明具有很深的底蕴，对中国传统文化有巨大影响力。过去古老朴素的商业文明也有利益观，提出“君子取财，取之有道”，而且“不能见利忘义”。进入新发展时期，更应体现工业化、商业发展后反映社会共同诉求。青岛打造财富管理中心过程中，更应注重社会责任投资，让青岛这座城市的历史底蕴焕发新的活力。

其次，青岛有非常强的综合优势，经济发展质量非常好，即使受新冠肺炎疫情、经济结构调整转型的影响，青岛经济发展依然有耀眼的亮点。青岛有上市公司近 60 家，全山东排名第一，这些上市公司对青岛经济发展提供了重要动力，而且对引领整个青岛产业和企业发展起到领头羊作用。同时，上市公司本身注重社会责任，特别在 ESG 方面也是可圈可点。近年来，青岛在金融机构、金融资源集聚上有很大进步，打造全球财富管理中心，其中一个重要抓手是股权投资、创业投资、风险投资。青岛举办的创投大会有很大影响力，股权基金增幅在全球、全国排名领先。今天，联储证券落户青岛，它是青岛引进的第一家全牌照的证券公司，一定会为青岛打造中国的财富管理中心增添力量，必然会对社会责任投资带来重要影响。青岛金融未来将更加开放，无论是“一带一路”建设，还是上合组织综合试验区等，都是青岛开放的巨大进展。青岛特别重视营商环境建设，包括关注绿色发展、营商环境、生态建设等方面。

所以，青岛有综合优势，如果在社会责任投资上再加力，促进发展，青岛的综合优势会具备更新更强的竞争力。

最后，青岛的发展战略。青岛根据国家的发展规划，制定了自己的“十四五”发展战略以及行动方案。当然，社会责任投资也会为青岛的发展战略带来新的动力。例如绿色发展，如果中国要在 2060 年达到碳中和需要巨大投资，据初步估算，如果 2030 年达到碳达峰，其间需要新增投资 100 万亿人民币。绿色发展中需要新能源，更重要的是通过绿色能源降低企业成本、降低排放，这些只依靠政府力量是比较有限，关键是要动员社会力量进行绿色投资。通过绿色投资带来绿色发展，实现碳中和目标，所以，社会责任投资为绿色发展注入更多的活力。另一方面，现在要支持科技创新，同时还要支持数字经济发展，这都是需要很多的投入。资产管理和财富管理行业，通过发展社会责任投资，都会为新的发展，包括青岛率先推动战略转型，提供巨大动能。

所以，青岛要打造财富管理中心，应该积极践行推动社会责任投资，如果社会责任投资与财富管理中心建设能够并行发展，既对社会责任投资产生重要的影响，产生积极重要的作用，又会为青岛财富管理中心抓住新机遇，实现新发展，带来更多的支持。

证券业服务区域经济高质量发展的思考

安青松*

2014 年我在青岛工作时，青岛获批首个国家财富管理金融综合改革试验区，“青岛·中国财富论坛”就应运而生，乘势而发，已成功举办了六届。本届论坛以“新时代·新财富·新管理”为主题，本环节讨论的重点是“资本市场服务区域经济高质量发展”，我结合证券业发展和对青岛的印象，分享几点思考，请大家批评指正。

一、服务实体经济是证券业高质量发展的第一要义

为实体经济服务是中国金融的一大特色。中国人民银行原行长周小川近期主持的课题研究通过国际比较表明，国际上较少关注金融和实体经济保持紧密关系，只有中国突出强调金融服务实体经济，并认为长期将会获得巨大的利益。在证券业协会第七次会员大会上，易会满主席指出：服务实体经济是证券行业高质量发展的宗旨本质，也是发展资本市场的初心使命。近年来，我国证券业在服务实体经济方面取得积极成效，2017 年至今，证券公司为超过 5 万亿元股票融资和 15 万亿元交易所债券融资提供承销保荐服务，为逾 3 万亿元上市公司并购重组交易提

* 安青松，时任中国证券业协会会长。

供财务顾问服务；行业机构积极参与设立科创板并试点注册制，在创业板改革、新三板改革、投资端改革、提高上市公司质量、保护投资者权益等资本市场重大改革任务中发挥了积极作用。证券公司始终坚持守正创新，围绕科技自立自强、民企纾困、绿色发展、“一带一路”等主题积极创新产品服务；聚焦满足居民日益增长的财富管理需求，丰富投资产品，改善账户服务体验，受托管理规模超过 10 万亿元。

二、服务区域经济是证券业服务实体经济的重要内容

2021 年 2 月，证券业协会代表行业荣获“全国脱贫攻坚先进集体”称号，这是国家对证券行业履行社会责任、助力脱贫攻坚作出贡献给予的表彰。截至 2020 年底，102 家证券公司结对帮扶的 307 个国家级贫困县全部实现脱贫摘帽。在巩固深化“一司一县”帮扶成效中，协会引导参与“一司一县”的行业机构，发挥投资银行专业优势，结合对县情、区情的深度调研，形成县域经济发展研究报告，提出以提升碳汇水平引领乡村振兴等建议，为地方政府发展区域经济提供参考，在服务区域经济方面做出了积极探索。投资银行在区域经济产业价值发现方面具有独特的视角，在推动形成市场导向的投融资体制，改善区域经济资产负债结构，促进解决发展不平衡不充分问题上发挥独特的作用。特别是围绕“碳达峰碳中和”目标的实现，投资银行可以发挥量化研究、精准定价、风险管理的特长，把握碳中和经济发展趋势和规律，发挥好资本市场优化资源配置的作用，助力构建低碳绿色循环经济体系，促进科技、资本与实体经济高水平循环，推动区域经济的集约化、高质量发展。

三、促进企业家精神价值实现是投资银行的职责使命

资本市场推动大国崛起的核心逻辑，是促进社会闲置资金与优秀企业家精神的有机结合，为社会创造出更多财富。这也是经济学上“帕累托改进”的基本路径。企业家精神是实体经济的人格化象征，企业家精神的基本特征是创新精神和创业精神，是促进科技自立自强的源头活水。资本市场对创新创业风险的激励，为企业家精神的价值实现提供了重要的定价平台。证券公司是资本市场最重要的中介机构，是企业家精神的价值发现者、信用建设者、声誉维护者，证券公司服务实体经济应当从发现企业家精神价值起步，把促进企业家精神价值实现作为服务高质量发展的第一抓手。青岛是一个富有企业家精神的城市，其根源可追溯到青岛历史悠久的商业文化、航海精神。在商周时期青岛是中国海盐的发祥地，是中国“四大古盐区”和“五大古港”之一；春秋战国时期的“即墨故城”，是中国现存最早的古代城池遗址；在秦汉时代留下了徐福东渡、法显西归的远洋航海足迹。商业文化和航海精神共同铸就的青岛企业家精神，在改革开放的盛世率先绽放出“五朵金花”，海尔、海信、青啤、双星至今长盛不衰。近年来，青岛上市公司如雨后春笋般涌现，境内上市公司数量突破 50 家，名列山东省前茅，正是企业家精神大放光彩结出的丰硕成果。企业家精神是青岛打造金融高地的宝贵精神财富，也是促进经济高质量发展的真正脊梁。

联储证券等一批法人金融机构落地青岛，是青岛打造金融高地的多年夙愿。证券公司在区域经济发展中，不仅仅是一张牌照和名片，更重要的是要带来一种新的市场化的资源配置方式和财富管理模式。证券公司作为资本市场交易的驱动者、价格的发现者、财富的管理者，也是贯彻落实新发展理念的践行者、先行者和引领者。应当在构建新发展格局中找准定位、主动作为，肩负起优化融资结构、激发经济活力、培育创

新动能的历史使命，加大服务产业结构转型升级的力度，推进技术要素证券化，助力实体经济转型升级。特别是中小券商要走精品化专业化道路，要结合区域经济的特点，在“特色、强项、专长、精品”方面多下功夫。同时，作为风险定价与风险管理的专业机构，证券经营机构自身也容易成为风险集聚地，合规经营始终是证券公司生存发展不可逾越的底线，风控能力是证券公司把握好风险和收益平衡、确保长期健康发展的有效抓手。

党的百年华诞开启了我国现代化建设第二个一百年的伟大征程。“十四五”是证券行业迈向高质量发展的重要机遇期。坚持以人民为中心的发展思想，贯彻落实新的发展理念，恪守服务实体经济的宗旨天职，是证券行业发展的中国特色和初心使命。证券业协会将继续发挥好预防性、平衡性、协调性自律管理的优势，推动形成共建、共治、共享的行业治理生态，和行业机构一道共同为打造一个规范、透明、开放、有活力、有韧性的资本市场作出应有的贡献。最后，祝愿青岛在促进科技、资本与产业高水平循环中育新机，在构建新发展格局中开新局、展宏图。

深交所积极支持青岛资本市场建设

张兆义*

习近平总书记要求山东打造中国对外开放的新高地，青岛正全力打造这个新高地的桥头堡，青岛不止有美丽的海岸线，还拥有创新开放的经济生态，拥有青岛海洋科学与技术试点国家实验室、国家深海基地等一大批“国字号”海洋科研机构，聚集了全国近30%的涉海院士，海洋科技优势巨大；青岛国际集装箱航线总数居北方港口之首；青岛还拥有海尔、海信、中车等一批世界级的制造业企业，实体经济门类齐全、工业体系完整。我作为山东大学毕业的学子，对山东这片热土始终有一种特殊的感情，回到山东、来到青岛，我倍感亲切。我们欣喜地看到，青岛这座开放、现代、活力、时尚的国际大都市，在区域经济发展上亮点不断，正在全力建设创新型城市、推进“项目落地年”、发展实体经济特别是先进制造业、建设数字青岛、打造世界工业互联网之都、建设现代海洋城市。

2021年是建党一百周年，“践行初心，担当使命”是伟大建党精神的重要内容。资本市场建设与区域经济发展密不可分，服务实体经济就是发展资本市场的初心使命。深交所将坚决贯彻落实习近平总书记关于资本市场重要指示批示精神，贴近区域经济发展实际，提供有效金融供给，充分发挥资本市场的投融资功能，大力支持科技创新企业发行上

---

* 张兆义，时任深圳证券交易所首席风控官。

市，帮助优质企业进一步做大做强，帮助区域经济做大做强，推动产业转型和经济高质量发展。

深交所是资本市场核心机构和重要平台，始终坚持服务实体经济和国家战略全局，经过30多年的发展，已经逐步建立起板块特色鲜明、监管规范透明、运行安全可靠、服务专业高效的市场体系，聚集了一批高科技、成长型创新创业企业，股票融资额、交易金额、新增上市公司数量等指标近年来稳居世界的前列，成为全球最具活力的新兴市场。2020年8月24日，创业板改革并试点注册制成功落地，为全市场注册制改革迈出了关键一步，进一步拓展和提升了深交所服务创新型和成长型企业的能力；2021年4月6日，深市主板和中小板顺利合并，进一步增强主板上市融资功能，提升对市场化蓝筹企业的吸引力，开启了深交所发展的新阶段、新征程。目前，深交所已经形成以主板、创业板为主体的市场格局，结构更简洁、特色更鲜明、定位更清晰，可以更好地满足不同发展阶段企业的需求，服务实体经济、服务高质量发展、服务国家战略全局的能力进一步增强。

下一步，深交所将认真按照党中央国务院决策部署，在中国证监会的领导下，深刻理解注册制改革的历史使命，坚持板块定位，扛起支持科技创新的责任，紧紧围绕打造优质创新资本中心和世界一流交易所，塑造科技创新型企业质量培育平台、创新类工具开发应用平台，充分发挥资本市场枢纽作用和创新资本形成功能，推动各类资源禀赋创造性转化和创新性发展。一是结合科技创新企业不同的发展特点和发展阶段，加大对生物医药、新材料、新能源、高端装备、电子信息等优势产业的培育力度，持续推动产业结构优化升级。二是利用好深交所资本市场培育信息系统和创新创业投融资服务平台，从源头挖掘更多优质企业，服务成长型创新企业融资需求，积极服务创新要素高效有序流动。三是进一步提高上市公司质量，形成更加具有示范效应的龙头企业和支柱产业。四是用好丰富的债券、资产证券化产品，特别是基础设施公募(REITs)、科技创新债、碳中和专项债、知识产权ABS等创新型产品功能，拓展地方和企业的融资渠道。五是加强人才培训交流，为各地筹办举办定制化培训服务，增进人员往来和互相学习。

深交所一直与青岛保持密切联系和紧密合作，积极支持青岛资本市场建设和发展。目前，青岛拥有51家A股上市公司，其中深市上市公司27家，是山东省上市公司数量最多的城市，在全国计划单列市中排名第二，有超过一半的上市公司在深圳市场。服务青岛是深交所的责任，更是深交所的机遇。在市委市政府的坚强领导下，青岛经济出现了很多新变化和新亮点，深交所将抓住这一机遇，争取在重点领域取得更大突破。

一是支持青岛金融生态建设。2019年6月，深交所联合青岛市政府建立了深交所青岛基地，“在地化”服务青岛区域经济发展，青岛基地设立后，积极服务青岛金融环境建设和金融人才培训，支持“万名企业家资本市场培训专项行动”，成为深交所基地建设模板。下一步我所将不断完善“在地化”企业上市培育长效机制，提供全方位、全流程、一揽子的综合培育服务，支持青岛金融生态建设。青岛作为胶东经济圈龙头城市，在支持青岛金融生态建设的同时，我们还将为胶东经济圈提供全面的资本市场服务，促进胶东经济圈五市的合作发展，助力打造胶东经济圈的良好金融生态。

二是支持青岛上市公司做大做强，形成一批具有示范效应的龙头企业和支柱产业，帮助国有控股上市公司优化产业结构，改造升级“老字号”，努力形成资本市场青岛特色。

三是支持青岛在深交所大力发展各类固收产品和开发基础设施基金（REITs），支持青岛发行基础设施、保障房建设、民生工程等专项债券，支持青岛企业发行固定收益产品。支持青岛开展公司债、资产证券化产品等固定收益产品的项目筛选、政策宣传、专业培训、发行审核等工作。

四是支持青岛企业对接深交所创新创业投融资平台。结合青岛产业优势和地方特色，在经济开发区、高新技术产业园以及产业引导基金所投资的企业中，筛选一批具有“青岛特色”的成长型企业，通过专场路演、上门指导、帮助对接投资机构等，深化培育方式、壮大青岛经济发展新动能。

五是支持青岛培养金融人才。邀请青岛选派干部到深交所挂职交流，为青岛提供定制化的金融干部培训服务。根据上市培育工作的需要，为青岛企业改制、规范运作、完善治理等举办专题培训班。

“十四五”开启了全面建设社会主义现代化国家的新征程，资本市场也站在深化改革、助力经济高质量发展的关键节点，深交所将继续坚持“建制度、不干预、零容忍”九字方针，在中国证监会领导下，按照“四个敬畏”“一个合力”的工作要求，坚持“开明、透明、廉明、严明”和市场化、法治化原则，在做好市场组织、市场监管工作基础上，不断强化服务，持续提升服务实体经济的能力。我们也衷心期待，和大家共同努力，形成合力，共同为实体经济、科技创新和现代金融更高质量协同发展作出积极贡献。

上市公司和资本市场对区域经济愈加重要

曾　刚*

资本市场同地方经济的关联性日益紧密。一方面，上市公司总市值已经超过 80 多万亿，全国的证券化率已经达到 80%以上。分析各省 GDP 数量、上市公司市值以及上市公司营收之间的关系，可以发现，上市公司和资本市场已经对区域经济越来越重要。另一方面，资本市场也是实现地方养老金保值增值很重要的渠道之一。社保基金十几年的成功经验说明，资本市场可以为地方养老金提供长期稳定的收益来源。

资本市场对于中国经济的一个重要作用，是推动科技创新，促进经济转型升级。举例来说，目前国内领先的光伏产业龙头已经在上交所市场形成集聚效应，大大促进了光伏产业的创新和发展。我们都知道，能源相关产业在中国经济中起到举足轻重的作用，目前世界 500 强企业前十名中的三家中国企业——国家电网、中国石油、中国石化都是能源电力行业的。中国是世界最大的能源进口国，70%以上的能源需要进口，每年要进口近 5 亿吨原油，约合 33 亿桶，需要消耗外汇储备 2000 亿美元以上。以光伏为代表的新能源能够通过我国制造业的优势来解决能源短板，并同其他相关技术，包括特高压传输技术，新能源汽车以及储能技术等一起，为实现我国双碳战略和推动经济转型升级作出巨大的贡献。

---

* 曾刚，时任上海证券交易所资本市场研究所所长。

接下来我简单向大家介绍一下上交所市场发展情况。过去，我们通常说上海证券交易所有四大市场：股票、基金、债券、衍生品，2021 年新推出公募 REITs 产品，有望成为第五大市场。希望未来这五大市场能更好地支持资本市场发展、支持地方经济的发展。

股票市场方面，上海证券交易所总市值全球排名第三，但 IPO 数量和融资额有时能够进入世界前两位。目前，沪市主板市场总市值在整个 A 股市场占比不到 50%，但是，营收和利润贡献却在 70%以上。这表明我国经济和 A 股市场都在转型过程中，传统经济占比仍然很高。科创板开市两年来，已有 313 家公司 IPO，筹资额 3874 亿，股票总市值 4.9 万亿。可以预计，未来随着科创板、创业板的注册制改革，更多的新经济、科技创新企业会进入资本市场，将不断优化 A 股市场的结构。

债券市场也是上交所服务实体经济的重要市场，目前托管总量超过 13 万亿，成交金额在全球交易所中处于领先地位。近几年地方政府债券和公司债券的融资额持续增长，是上交所债券市场发展的主力军，为支持地方经济发展作出很大贡献。

公募 REITs 产品的推出，意义巨大，从宏观角度看，可以改变过去基础设施以间接融资为主的结构，从供给侧上改善金融结构；从微观角度看，可以盘活企业资产，降低地方政府债务负担，推动地方经济发展。同时，它也是投资端产品方面的重要创新。随着中国经济发展，居民财富管理需求也不断上升，兼具资本增值和稳定分红属性的 REITs 产品对整个中国经济和金融结构意义重大。

基金市场方面，上交所基金类产品最主要的产品是 ETF。ETF 的特点是交易成本流动性好，尤其适合中小投资者投资，目前市值已经超过 1 万亿，品种涵盖股票、债券、商品、跨境和货币等。我们基金市场的发展目标是实现“一所联百业、一市跨全球”，为投资者提供丰富多样的产品选择。我们力争在未来 5 年实现 ETF 市场规模翻番，更好为居民实现资产保值增值服务。

衍生品市场对于防控市场风险非常重要。2015年，上交所在国内率先推出ETF期权产品。期权与期货不同，期权产品类似于保险，能够为投资者提供保险功能，而不仅仅是提供杠杆方向投资，对于防控整个市场风险作用巨大。在积累总结前期经验的基础上，2019年，A股市场新增了沪深300指数期权和沪深300ET期权，市场对冲风险工具进一步丰富。目前，上交所ETF期权市场成交和持仓都比较稳定，期权定价也比较合理，平均每天大概交易500万张左右。

未来上交所将继续以支持实体经济发展，支持科技自立自强、防控金融风险为已任，更好地支持经济转型升级，推动地方经济发展，这是我们的使命所在。

资本市场的崂山板块正强势崛起

王　锋*

今天，很高兴与大家相聚在美丽的黄海之滨、崂山脚下。崂山，是中国海上名山第一；崂山区，是青岛东部一座开放创新宜业怡居的山海品质新城。建区 27 年来，崂山区始终坚持高端引领、创新驱动，打造了金融、科创和旅游这三张亮丽的城市名片。2021 年上半年，全区生产总值预计增长 15%以上，区级一般公共预算收入突破 100 亿元。

金融业是崂山区重点打造的主导产业。位于崂山区的青岛金家岭金融区，是青岛财富管理金融综合改革试验区的核心区，是全球（青岛）创投风投中心建设的主阵地。目前，已集聚金融机构和类金融企业 1068 家；拥有大型法人金融机构 20 家，约占全市的 80%；光大、青银、恒丰银行 3 家理财公司集聚发展。2020 年，全区金融业增加值增长 15.1%，占 GDP 比重超过 20%。可以说，金融业已经成为崂山区的一个支柱性的主导产业。

近年来，崂山区大力支持企业登陆资本市场，出台了《加快推进企业上市实施意见》等政策，成立资本市场发展领导小组，顶格协调企业上市重大事项。截至 2021 年 7 月，全区已有上市企业 13 家，股票 16 只，储备拟上市企业 80 家，境内上市企业数量、股票融资额、营业收入、市值均居全市首位，资本市场的“崂山板块”强势崛起。

---

*　王锋，时任青岛市崂山区区长。

证券行业作为资本市场的重要参与者，是资金直接融通的枢纽。联储证券作为一家全牌照券商，此次落户青岛崂山，对全市金融业发展具有“里程碑”意义，也将进一步帮助崂山完善金融市场、提升崂山金融的规模实力和辐射带动作用。我们期待联储证券能充分发挥自身优势，推动区域企业深度参与资本市场，赋能实体经济，助力区域经济高质量发展。

今天的崂山，正以再次创业的崭新姿态，全力争当创新发展、领先发展的“排头兵”。借此机会，希望各位企业家朋友，能够关注崂山、投资崂山、创业崂山，成为崂山区和青岛金家岭金融区的“金牌合伙人”。我们将一如既往地拿出一流政策、一流服务、一流环境，与大家携手奋进、共创美好未来。

第五章
高质量发展下的财富管理升级

财富管理作为中国金融行业未来的主战场，正迈向全新发展阶段，是提升我国经济竞争力的有力支撑。居民财富管理需求持续高涨，监管新规加速落地，数字化浪潮推动行业不断创新，都给财富管理行业提出了新的要求和挑战。在此背景下，财富管理行业需加强改革创新，打造以差异化客群为中心、以综合解决方案为导向的精细化经营模式，政府也需营造更加完善的市场环境，引导财富管理行业适应新趋势下的新需求，最终服务实体经济。

贯彻新发展理念，加快财富管理升级

李东荣*

当前，我国已步入高质量发展阶段，国民经济运行稳中加固、稳中向好，但发展不平衡不充分问题仍然突出，重点领域改革任务十分艰巨。在此背景下，本场论坛以“高质量发展下的财富管理升级”为主题，无疑具有重要的现实意义。

什么是高质量发展？习近平总书记对此有过深刻而精辟的论述。他指出，高质量发展，就是能够很好满足人民日益增长的美好生活需要的发展，是体现新发展理念的发展，是创新成为第一动力、协调成为内生特点、绿色成为普遍形态、开放成为必由之路、共享成为根本目的的发展。① 因此，我认为，今天讨论高质量发展下的财富管理升级，从根本上讲，应将关注点从“有没有”转向“好不好”，去深入探讨财富管理行业如何真正贯彻创新、协调、绿色、开放、共享的新发展理念。就这个问题，我有几点思考供大家参考。

第一，贯彻创新发展理念，应着力提升财富管理机构服务实体经济能力。创新是引领发展的第一动力。回顾全球财富管理发展历程，可以发现，现代财富管理体系的每次重大发展都离不开创新的驱动。二十世纪七八十年代，金融交易工具的创新和场外市场的发展，丰富了资产组

---

* 李东荣，时任中国互联网金融协会会长，中国人民银行原副行长。

① 《习近平谈治国理政》第三卷，外文出版社 2020 年版，第 238 页。

合与配置模式。九十年代至二十一世纪初，金融的市场化、综合化、全球化发展，使综合财富管理、跨境财富管理等业务迅速兴起。当前，随着人工智能、大数据、云计算、区块链等数字技术在全球金融领域的广泛应用，财富管理的服务渠道、运营模式也产生了一系列新的深刻变革。面对数字化时代潮流，财富管理机构应充分认识数字化转型的必要性和紧迫性，加强金融科技在客服营销、投顾投研、估值定价、风险管理等关键环节的探索应用，从而提高对实体经济多元化需求的适应性和直达性，在服务高质量发展和国家重大战略的过程中为人民群众更好、更安全地谋求财富保值增值。当然，在强调发展的同时，财富管理机构还要时刻紧绷风险防控这根弦，强化合规理念和风险意识，在破除刚兑、防止提供违规通道、杜绝嵌套套利、实现净值化披露等方面落实监管要求，真正做到风险管控能力与业务创新发展相匹配。

第二，贯彻协调发展理念，应着力构建多层次、更平衡的财富管理市场。协调是提升发展质量的内在要求。我国金融体系历来以间接融资为主。统计数据显示，截至 2021 年 6 月末，我国社会融资规模存量为 301.56 万亿元，对实体经济发放的人民币贷款余额占同期社会融资规模存量的 61.2%，而同期企业债券、政府债券、非金融企业境内股票余额占比分别为 9.5%、16.1%和 2.9%，这表明直接融资支持实体经济发展仍有较大空间。促进财富管理市场协调发展，既是提高直接融资比重、优化金融结构的客观需要，也是实现财富管理行业持续健康发展的必然要求。鉴于此，如何推动各类财富管理机构实现有序竞争和差异化定位，规范财富管理机构与第三方平台的业务合作，形成分层有序、品种齐全、功能互补、体验优良的产品服务体系，是实现财富管理有效升级的重要内容。为此，需要进一步丰富财富管理市场参与主体，引入资质过硬的专业机构投资者。同时，要注重投资者教育，培育具有更高投资水平和风险认知能力的个人投资者。通过这些基础建设，稳步构建一个主体更加多元、层次更加丰富、结构更加平衡的中国财富管理市场。

第三，贯彻绿色发展理念，应着力推动财富管理行业助力绿色低碳发展。绿色是可持续发展的必要条件。近年来，气候变化、水资源短缺、荒漠化加剧等生态环境问题，给全球发展和人类生存带来了严峻挑战。如何保护和改善生态环境，实现绿色低碳发展已成为包括中国在内的世界各国面临的共同课题。2020 年 9 月，习近平主席在第七十五届联合国大会上向全世界郑重宣布，中国将力争在 2030 年前实现碳达峰、2060 年前实现碳中和，明确了中国实现经济社会全面绿色转型的任务书和时间表。我国财富管理行业在这个历史使命的担当中也具有义不容辞的社会责任。首先，要牢固树立绿色金融发展理念。其次，要在提供产品和服务过程中，注意发挥自身在资源配置、风险管理和市场定价等方面的功能优势，大力倡导绿色投资理念，广泛动员社会资金，合理配置绿色金融资产，积极支持绿色产业发展，财富管理行业应在积极适应目前支持绿色发展的政策优惠环境中，努力探索获取中长期稳定收益的渠道和模式，并由此树立财富管理行业的良好社会形象。

第四，贯彻开放发展理念，着力探索双向开放的财富管理发展新模式。开放是提升发展韧性和竞争优势的必由之路。近年来，在党中央、国务院的正确领导下，我国金融管理部门在统筹推进金融业双向开放、人民币汇率形成机制改革和人民币国际化方面集中出台了一系列政策举措，大力营造市场化、法治化、国际化的金融展业环境，为我国财富管理行业进一步融入全球市场、对接全球资源提供了双向通道。鉴于此，应从推动形成具有中国特色、与国际规则衔接的财富管理发展模式的高度出发，注重吸收借鉴美国、欧洲等国际财富管理模式的先进经验，支持境内外财富管理机构在股权、产品、技术、管理、人才等方面依法合规开展深度合作，实现投资理念、经营策略、激励机制、风控体系等领域交流互鉴，在构建以国内大循环为主体、国内国际双循环相互促进的新发展格局中积极贡献财富管理行业的独特力量。

第五，贯彻共享发展理念，应着力增强老百姓对财富管理服务的获得感。共享是中国特色社会主义的本质要求。从发展普惠金融的角度看，一个良性运转、功能齐全的财富管理体系应该使不同社会阶层和收入水平的人都能够有机会、有渠道分享经济金融发展的成果。近年来，随着我国城乡居民收入总量持续增长，收入结构不断优化，财富管理市场需求潜力持续释放。鉴于此，应继续探索运用私人银行、家族信托等业务，满足高净值客户资产保值、财富传承、风险保障、公益慈善等多元化需求，并注重运用金融科技手段扩大理财服务触达范围，合理降低服务门槛和成本，使更多合适的理财产品更好适应人民群众的理财需求，推动普惠金融在更广泛层面的落地生根。

我国经济长期向好，社会大局稳定，发展韧性强劲，制度优势显著，财富管理大有空间、大有可为。我相信，只要我们尊重规律、科学谋划、协同发力，财富管理行业一定能够贯彻好新发展理念，在服务高质量发展方面发挥更加积极的作用。

公募基金助推财富管理高质量发展

李　文*

过去这些年，随着中国经济的高速发展和中国居民财富的不断积累，财富管理市场迎来一个快速发展的黄金时代。在这个过程中，公募基金成为整个财富管理行业发展的主力军，也成为受益者。截至目前，公募基金行业的管理规模已达23万亿元，客户数也就是注册的基金账户数接近12亿。过去23年，公募基金行业累计向投资者分红已经超过3万亿元。应该说公募基金已经成为大众财富管理最优的、最主要的选择之一，为提高居民的财产性收入、满足人民的美好生活向往作出了重要贡献。

公募基金行业的优势

作为相对比较年轻的行业，公募基金在过去23年能够快速发展，一方面得益于中国经济的发展以及整个财富管理的增长，另一方面也得益于监管层面政策的引导，以及中国改革开放的不断深化，同时，也得益于公募基金自身在这个发展过程中形成的良好优势，主要可以从四个方面来理解。

---

* 李文，时任汇添富基金管理股份有限公司董事长。

第一，公募基金建立了非常先进的制度体系。公募基金从成立之初就确立了净值管理、强制托管、组合投资、信息披露等非常先进的制度设计和机制，成为整个资产管理行业的标杆和典范，这么多年来没有出现任何系统性风险，赢得了广大投资者的信赖。

第二，公募基金打造了非常专业的投资能力。据银河证券基金研究中心统计，截至 2021 年二季度末，公募基金持有的 A 股市值已经占 8.05%，成为最大的机构投资者，而偏股型基金 20 年年化收益率平均达到 16.18%，为投资者创造了良好的回报。对于大部分基金投资人来讲，“炒股不如买基金”这个理念已经深入人心，中国证券市场越来越基金化正成为一个趋势。

第三，公募基金构建了非常丰富的产品线。全市场公募基金数量已经超过八千只，通过公募基金产品可以满足各类客户差异化、个性化和一站式的财富管理需要。近年来，权益类基金（包括股票基金和混合基金）尤其发展迅速，占比超过 37%。

第四，公募基金形成了非常便利的服务渠道。公募基金已建立了涵盖线上线下、场内场外的超过 400 家销售服务渠道，包括全国银行、券商、第三方销售平台、基金公司自有 APP 平台等，能够很好地满足客户在财富管理定制化和投顾化的需要。

这四个特点使公募基金成为普通老百姓和机构投资者进行财富管理最主要、最优的选择之一。在这个过程中，汇添富基金作为行业第 47 家成立的基金公司也得到了快速发展，经过 16 年的稳健经营和创新发展，截至 2021 年二季度末，汇添富资产管理总规模已达到 1.2 万亿，过去这些年累计为客户创造的利润已超过 2600 亿元，赢得了个人客户和全国社保、各大银行、保险、理财子公司等机构客户的认可和信赖。

汇添富的发展得益于中国资本市场和资产管理行业的发展，得益于广大客户和合作伙伴的信任支持，也得益于公司建立了非常市场化的治理机制，实施了员工参股，培养了一支专业优秀的团队，并保持长期稳定，打造了优秀特色的企业文化，致力成为一家有社会责任感、受人尊敬的公司。

公募基金行业的挑战

面对未来中国财富管理市场的高速发展，对公募基金行业来说，是机遇也是责任。

第一，公募基金行业的发展任重道远，公募基金行业虽然已有23万亿元的管理规模，是资产管理行业最大的细分行业之一，但我国公募基金占GDP的比重仍在20%左右，而美国公募基金占GDP已达140%，我们和他们的差距很大；而从公募基金的渗透率来看，公募基金在居民家庭金融资产的比重更低，现在统计数据显示是3%左右，美国这一数字可以达到23%，相距甚远。所以从这些角度看，我国公募基金还处于发展的早期阶段，未来的空间非常大。

第二，投资者的教育任重道远。公募基金能够得到投资者的认可，是这个行业得以发展的基础。虽然公募行业发展很快，但目前居民的储蓄率仍超过50%，购买基金的比例仍较低，对公募基金的认知需要进一步提升。其次，客户持有基金偏短期化，很多投资者把基金当成股票一样进行短期交易，长期投资、价值投资的理念还没有完全树立。此外，大家在基金投资中还没有形成组合投资、资产配置的理念，还没有很好地利用基金不同的产品去分散风险、平滑波动，这方面的投资理念还需要进一步强化。

第三，基金公司自身的能力建设任重道远，需要进一步提升核心能力，包括投资管理、风险管理、客户服务和产品创新能力，进一步强化核心竞争力，包括完善公司治理，加强团队建设，降低行业人才的高流动现象，优化组织管理，加强数字化建设，推进“合规、诚信、专业、稳健”行业文化建设等。

公募基金行业如何助推财富管理高质量发展

展望未来，我们对公募基金行业的发展充满信心，从整个行业来说，如何适应财富管理的高质量发展，如何推动公募基金行业更好地满足居民财富管理的需要？我认为要从三个方面进行升级。

第一，经营理念要升级。一是要继续坚持行业的信义义务，坚持客户利益第一，承担起对客户财富保值增值的责任；二是要积极践行社会责任，为普惠金融、养老金融、绿色金融等作出更大贡献，在这个过程中助力中国资本市场和实体经济的高质量发展；三是要推进开放合作，目前我们已进入了大财富、大资管的时代，需要资产管理和财富管理同业积极开展合作，打造大平台，形成大生态。

第二，服务模式要升级。基金投资者正日益呈现高净值化、年轻化和机构化的特征，对财富管理的服务提出了更高要求。一是要拥抱数字化浪潮，积极推进线上化服务，完善线上线下一体化布局，加强对客户的深度运营；二是要推进投顾化，通过长期贴心陪伴提升客户体验，加强投资教育和投资者保护；三是要推进平台化和生态化，只有建立一个丰富多元的财富管理生态圈，才能真正立足客户需求，提供更好的服务。

第三，投资管理要升级。一是要强化规模化的投资管理能力，通过完善治理机制、组织架构创新和投研数字化建设，进一步提升公募基金的规模化管理能力，确保基金产品风格的稳定化、业绩的可持续化；二是要强化多元化的投资管理能力，公募基金要在巩固完善权益和固收传统产品线的基础上，强化在固收+、基本面对冲、养老金目标基金、QDII 基金、公募 REITs、期货期权衍生品、碳金融等多资产多策略的产品供给能力，并大力发展 FOF/MOM 业务，强化大类资产配置能力；三是要强化 ESG 责任投资能力，公募基金是 ESG 投资管理的主力军，通过制定 ESG 战略、完善投研组织架构、加强上市公司股东参与、积极布局 ESG 产品、开展投资者教育等方式加强 ESG 投研体系建设，为推动“双碳”目标实现和经济社会的可持续发展贡献力量。

ESG 可持续投资助力财富管理升级

彭彦杰*

在整个亚太地区，财富管理行业正持续增长，现已达到 65 万亿元的规模，中国财富管理市场是全球最有潜力的市场之一，家庭总财富、高净值客户的数量都稳居全球第二，而且仍在不断增加。尤其是在资产管理新规等政策的指引下，我国财富管理市场进入另一个以品牌、服务、金融等专业化解决方案来服务客户的里程碑阶段。在产品方面，受到标准化、净值化的带动，迎来了理财产品的多元化、全方位、高质量发展。到 2020 年，大资产管理规模十年已经涨了十倍。

在财富管理进入高质量发展的同时，我也有一些看法跟各位分享。

首先，高净值客户财富管理的需求不再是单纯的理财产品，客户更关注的是传承家族事务，及家族企业的发展。真正意义上的财富管理是结合个人、家庭、事业三位一体的综合金融服务。所以金融机构更应该加强客户经理的 KYC（了解你的客户）能力，才能更深度地捕捉客户需求。KYC 并不仅仅是一种监管要求、合规要求，其实 KYC 也是做好客户画像的一个有效手段。例如说一位企业家年纪比较大，通过 KYC 服务，机构可能了解到这位企业家的子女不适合接班，或是没有意愿接班，在这样的情况下，金融机构可能需要协助客户售卖股权、并以现金

* 彭彦杰，时任德意志银行（中国）有限公司总行副行长、财富管理北亚区董事总经理及中国区总经理。

再分配的形式进行财富传承，个性化的财富管理服务也可以继续为客户合理进行规划管理。所以财富管理是一个综合的概念。

今天发言的嘉宾都有提到风险管理，今后的理财产品将会更加多元化，所以产品与客户需求的复杂程度也会相对高，做好客户风险承受度与产品风险的互相匹配至关重要。简单说是把合适的理财产品卖给合适的客户，把对的东西卖给对的人，这一点才是财富管理越做越好、越做越稳的不二法门。

全权委托的业务也非常值得关注，从亚太地区的发展来看，全权委托类的业务的增长已经是两位数，达到 14%、15%左右，客户的接受度也越来越高，国内有些机构已在开办这类业务，接下来会有更多客户接受这种服务，这是一个很好的趋势。

高净值客户和超高净值客户非常关注传承规划，不少机构已经有家族信托的相关服务，这类需求会持续升温，因为我国市场已进入到对财富传承需求更高的一个阶段。

另外，慈善金融会是一个大趋势，尤其是针对超高净值客户，他们合作的金融机构可以提供相关服务，如果客户跟金融机构一起做慈善，这是客户关系的升华。金融机构必须要有这个意识，这是一举两得的事情，既可以履行社会责任，又可以强化客户关系。

最后我想从实操层面来强调所谓的 ESG 可持续投资趋势。今天早上几乎所有的发言嘉宾都谈到了 ESG 或绿色金融。在 2019 年 7 月份金融业“国十一条”发布之后，越来越多的外资机构对中国市场加大了投资力度，他们也正在把更多 ESG 可持续投资方式带到中国市场。结合自身的一些优势和特色，我国 ESG 可持续发展、可持续投资、绿色金融都有望蓬勃发展。我们已经是绿色债券的大国，规模已经是万亿级别。相信中国的绿色发展前景广阔，也将成为国际投资者关注的重大机遇之一。

投资产品具有 ESG 特色是否会让整个投资收益受到影响？很多研究都已经证明，ESG 投资收益可能会优于非 ESG 的投资，而且波动反而较小，可以实现投资者回馈社会、支持可持续发展的愿望。是否ESG相关产品都比较复杂？其实不然，ESG的产品更重视所谓的产品透明度，而且可以更清楚地了解底层资产，投资者也会更放心，客观上起到了保护金融消费者权益的作用。

普遍来看，ESG产品更加透明，把ESG产品推荐给金融消费者是一种更负责的行为，可以同时做好业绩和保护金融消费者权益，还可以使国家、社会、环境更美好。多年来，我持续呼吁金融产品应兼顾消费者权益保护和ESG可持续投资理念，因为我觉得这是一个长治久安、利国利民的事情，投资效应也更具良好的社会意义。

ESG可持续投资产品到哪里找？虽然中国的ESG市场起步不是太久，随着近一两年关注度的大幅提升，市场供应的ESG产品越来越多，不少金融机构都提供了ESG公募基金和理财产品。从2019、2020年两年的对比看，ESG公募基金已经成长到2.5倍的规模，现在已经是千亿级别了。

客户会不会对ESG不感兴趣？其实这些担心很可能是没有必要的。根据《中国责任投资年度报告》的调查，被调查的个人投资者中超过80%愿意选择购买ESG的理财产品。碳中和、碳达峰是我国很重要的任务，各级政府也有相关政策不断出台，根据我刚所列举的调查，大多数投资者对此感兴趣，尤其是高净值客户，他们也很开心在实现潜在财务回报的同时，也能为社会作出贡献，这些政策也会为再生能源、公路运输、节能减排带来更大的机遇。

另外，我国金融市场也越来越开放，越来越多的境外投资者会加码投资中国的理财市场。因此，我国财富管理机构必须做好相应准备，提供更为完善的ESG产品和服务。我相信，通过不断完善ESG框架和行业标准，中国有望成为ESG可持续发展的大国。

五大趋势推动财富管理商业模式变革

马　奔*

我分享的主题聚焦资产管理新规后的大资管、大财富时代，财富管理商业模式在发生结构性变化。2020 年中国个人金融资产总额超过 205 万亿人民币，是全球第二大的财富管理市场和全球第二大的私人银行市场。麦肯锡预计在未来五年，中国个人金融资产会以 10%的年均增速增长，2025 年将超过 330 万亿人民币。在市场规模增长的背后，有五个结构性趋势对整个财富管理市场的商业模式正在产生很大的影响。

第一个趋势是从卖方的产品销售模式逐步向买方的投顾模式转型。在非净值化理财产品逐步淡出市场，理财产品和信托产品收益率日益走低的背景下，需求端客户逐步意识到资产配置、长期投资、布局权益类资产的重要性。

在供给端有三个变化：一是越来越多的财富管理主体开始以销售自己生产的产品向真正的开放产品平台转型，现在中国最大的财富管理银行和线上财富平台，都是真正的开放平台模式。二是财富管理主体销售的方式正在逐步改变，原先非常注重产品 IPO，比如中国的新发基金数引领全球，但是一些引领性的财富平台正在逐步从重首发向重精选产品持续营销的模式转型。三是过去财富管理机构更关注售前和售中，其实真正具有价值的是投后的陪伴，通过陪伴影响客户做出正确的持有、卖

*　马奔，时任麦肯锡全球董事合伙人。

出或者调仓决策，是 ALPHA 创造的重要来源。目前，中国的富裕和高净值客户都有多个财富管理公司的关系，比如中国有 50%以上的客户有 3 家以上的财富管理公司的关系，有 30%以上的客户有 4 家以上的财富管理公司的关系。我们相信未来单一客户的财富管理合作伙伴关系会日益集中，未来成功转型的头部财富管理机构所拥有客户的钱包份额会大幅度提升。

第二个趋势是客群经营的重要性提升。这在全球也是一个非常新的趋势，在中国同样如此。客户的需求正在变得越来越多元化、复杂化、差异化，每个客群因为财富来源、家庭构成、年龄、性别等的不同需求有较大差异性。麦肯锡注意到有四类客群非常值得关注。

第一类是企业家客群，企业家客群需要的是投融资一体化的服务，但要实现跨牌照资源整合，提供贯穿商行、投行、财富、资管、家族信托、法税咨询等的一站式服务很有难度，但是怎么突破这样一个商业模式，对于服务高净值客户、超高净值企业家客户非常有价值。第二类是女性客群，现在全球领先的财富管理机构非常关注这个客群。我们服务的客户中 55%以上的高净值客户是女性客群。第三类是老年客群，大多数的财富管理机构里 55 岁以上客户的管理资产占比都超过一半甚至更高。第四类是长尾客群，中国有不少财富管理机构正在通过线上化平台帮助长尾客户提供高质量的财富管理服务，中国这方面在全球范围内都很有竞争力。

每个客群的需求非常差异化，就女性客群而言，分享几个观点。第一，女性客群更愿意接受投顾服务。麦肯锡全球做过一个调研，女性客群愿意支付投顾费用的比例比男性客群高一倍。全球仅有 25%的女性客群认为其有能力独立完成投资决策，而男性客户这一比例高达 40%，因此女性客户更倾向于从专业级机构获取投资建议。第二，女性客户更为关注整个家庭的财产安全、子女教育、医疗和养老等生活目标规划。大家可以想象，在一个家庭的关系中，女性往往考虑子女教育、家庭的中长期财富安全和保障更多一些，因此在这个过程中要与她建立一个财富管理的关系，可能不只是谈收益，还需要关注能帮助她实现哪些人生目标。第三，女性客户更倾向于寻求其信任的财富顾问，而不仅仅是投资建议方面最专业的投资顾问。70%的女性客户在掌握家中财富大权后会更换投资顾问，这证明她对于真正建立一个信任的关系有多关注。全球很多财富管理机构发现与女性客户构建关系，可能女性投资顾问效果更好，真正打动她的可能是共情和对生活目标的理解。以上这个例子证明客群经营很关键，如果将女性客群、男性客群一视同仁地服务，可能会破坏客户体验，丢失商业机会。

第三个趋势是数字化。当整个市场从产品销售向投顾转型时，线上平台的专业性非常重要，只是将所有产品放在一个大货架上已经无法满足客户的需求。怎么通过数字化手段，甚至人工跟数字化线上线下结合的手段，为客户提供便捷专业的投顾服务，以及除了直接通过数字化服务客户外，怎么赋能理财顾问服务客户，这是很多领先的财富管理机构正在寻求的突破。

第四个趋势是全球化。我们认为全球资产配置对于中国客户而言潜力巨大，这个需求随着一系列对外投资路径的逐步打开正在释放，怎么帮助中国客户更好地提供全球资产配置的投资建议，对目前正在积极进入中国的外资资产管理和财富管理公司来说是个重要机遇。同时中国客户也是全球最重要的离岸财富管理客户，在新加坡、中国香港这两个亚太地区最大的离岸财富管理中心中，中国的客户占比是最多的。

第五个趋势是大财富竞争格局的演化。在新的大财富管理格局中，除了具备牌照、客群和渠道优势的商业银行以外，有三股势力正在积极突破转型或者进入这个市场。第一股势力是券商，现在券商越来越意识到财富管理业务的重要性，券商的优势在于其经纪业务积累的优质客户、对权益资本市场的深度理解，以及在企业家客户上投行与财富管理联动的优势。第二股势力是三方互联网财富管理平台，其中的领军者已经在公募领域从单一的现金管理理财实现了向全资产类别公募基金销售的跨越，并同时在积极推动向公募投顾转型，增长迅猛，其流量优势使其在服务长尾客户上的优势明显。第三股势力是资产管理公司，以部分领先信托公司和基金公司为代表，正在从资产管理业务向财富管理业务延伸，信托公司更多聚焦私募私人银行和家族财富模式，基金公司则积极依托公募投顾牌照寻求突破。

在国际机构 Investment & Pensions Europe（IPE）刚公布的 2020 年全球资产管理公司榜单中，中国有 6 家资产管理公司进入全球前 100，在全球私人银行榜单中，也有数家中国私人银行入围。我们相信，中国未来会有越来越多的领先资产管理和财富管理机构跻身世界一流。

打造规模效应与金融中心的良性循环

Gerhard Hinterhaeuser（葛强）*

我是一个国际咨询公司的合伙人，主要负责政策指导，我们与政府和企业也有很多合作关系。我主要负责的是中国及亚洲事务，这是因为我和亚洲有非常密切的关系。我第一次来中国是 1963 年，当时是作为学生来学中文，了解中国；20 世纪 80 年代初又去日本，在东京大学学习，加入了现在是摩根大通一个分支的机构；后来我又去到中国香港，待了 20 年，负责区域财务管理。我们在这段时间和中国人保建立起了合作关系，2015、2016 年我成为中国人保的合资公司的合伙人之一。我想跟大家分享的是，青岛作为金融服务改革区和试点区，在中国以及世界的地位。我觉得这是一个非常庞大的议题，因为在中国已经有三个很大的金融中心了。上海是最传统、最大的金融中心；香港是国际性枢纽城市；北京从监管和政府的角度来讲非常重要。在新加坡、东京等其他金融中心的发展主要是基于规模效应，在欧洲有伦敦，还有美国的华尔街等，它主要是立足自己的国家，但同时也面向整个全球金融产业。

那么青岛有怎样的地位呢？我认为青岛面临着难得的加入这一竞争的机遇，它是潜在的中国金融中心之一。尽管金融产业在中国的发展刚刚起步，但步伐非常迅速，所以机遇无限。政府需要做出更大的努力，

---

* Gerhard Hinterhaeuser（葛强），时任国际咨询公司合伙人，慕尼黑再保险集团资产管理有限公司前董事总经理、首席执行官。

提供更多税收优惠，更快速地进行改革和改良补贴政策，这些都很重要，否则青岛难以实现招商目标，只有青岛建立起一个相应的市场，企业才会相应地进入。达成这一目标有很多方式，其一就是从山东最大资产公司中找两到三个，在青岛创建分支机构，快速地发展这些公司，不管是通过有机增长，还是并购增长。并购当然是最重要的，首先是国内并购，可以关注其他城市、其他省份，然后把这些新进入的企业都放到青岛，同时也可以走向国际，找到两到三个海外的企业，看看能不能有收购和并购到青岛的机会，进入到青岛的财富管理行业。这个过程可以吸引很多的企业来到青岛，在这里开发新产品，使用新技术，也增加这里的人才储备，由此形成一个良性循环，青岛也可以进一步发展。

这不是空想，之前也有人实现。美国的贝莱德公司在 1988 年之前是不存在的，但现在已经成为世界上最大的资产管理公司。这里没有更多的篇幅展开它的历史，但是我觉得这的确是值得细致研究的一个案例，这样才能激发我们的潜能。事实上我们已经错过了几年的机会，青岛必须要弥补这个差距，做出更多的努力，如果政府不采取大胆的措施，五年之后我们可能还是在同样的起点上。这是一个非常艰难和复杂的任务，需要把更多企业融入进来，而且需要很多的技能。有的时候一旦一步走错，可能会有巨大的损失，所以我们需要引入更多资源，然后创造一个新环境。这需要决心，需要长期坚持，也需要策略。

我觉得青岛还是有这个能力的。一些地方发展缺失的是资源整合，但在中国，政府和私营部门可以有很好的合作，所以，我还是非常乐观的。资源整合虽然非常困难，竞争虽然很激烈，但是依然有机会，我也希望青岛政府能够实现这一点。

良好的生态系统保障财富管理多样化

Eric NEO（梁世伟）*

我在资本市场、金融科技、创业和资源服务方面拥有超过二十多年的综合经验。我现在是Hg交易所的总裁，这是亚洲第一家成员驱动的私人交易所，获得新加坡金融管理局许可，成为公认的市场运营商，具有独特的能力，支持向全球50万名投资者网络发行数字和非数字创新资本市场产品并进行二级交易。同时我也是瑞丰基金管理的董事，瑞丰基金管理是一家新加坡金融管理局注册基金管理公司，现在在新加坡，这家基金主要做私募股权投资，也是我的经验所在。

我会分享新加坡如何发展财富管理的一些经验。来看一下新加坡，本地公民大概只有352万，永久居民和非居民人口大概占到216万，这个就是人力资源。新加坡是一个国际金融中心，拥有完善的资本市场、场外衍生品交易中心、商品交易和外汇交易中心。财富管理总规模约四万亿新币，对一个人口少并且没有自然资源的小国家来说这个数字已经非常巨大。我们服务全球投资者（76%的资金来自新加坡境外）。

新加坡有此发展成就的一个重要因素就是有受人尊敬的监管局，而监管局建立了非常好的生态系统。新加坡金融管理局建立了9个不同的生态系统，有资产管理、外汇及衍生品，还有其他的固定收益、保险和风险融资、财富、基础设施融资、企业融资，可持续金融，还有家族办

---

* Eric NEO（梁世伟），时任Hg交易所总裁、瑞丰基金管理董事。

公室。

英国、美国、新加坡、瑞士和中国香港地区是家族办公室最常见的五个地点，他们普遍拥有六个特点：它们的政治经济和法律相对稳定，企业业务比较发达，承诺达到全球透明度标准透明，发达的金融服务，接近商业利益，物质水平发达，而且还有人才的可用性。

作为一个创业者，我和我的团队在Hg交易所所做的就是通过将替代资产、创新结构和金融科技等创新产品引入金融市场，为这些财富管理生态系统作出贡献。我们负责发现这种资产的可获得性，不论是高净值人群还是高净值家族，还是一些百万富翁，在这方面我们会跟产业合作，来进行多样化的投资。

我们发现有很多的家族办公室，投资者，他们都寻求多样化的投资，不仅仅是关于证券投资、商品贸易、房地产的投资，这只是最基础的投资，他们更看重的是一些更多样化的投资，比如ESG基金、医疗与生物技术、资产支持证券等。对于家族办公室、基金管理公司和私人银行来说，他们必须理解企业家的不同需求。

谈到财富管理的升级问题，我建议有四个关键领域需要关注：第一是要有信任，必须有强大的法治，一个稳定的政治经济环境和稳定的亲商政策；第二是知识，必须有快速增长的家族办公室生态系统和优质的专业和财富管理人才；第三是连通性，必须有充满活力的投资生态系统以获得亚太地区技术和创新的机会，以及有利的平台以利用亚洲—全球网络向同行学习和共同投资；第四是宜居性，有高标准的生活和亲家庭的环境。比如一家新加坡的家庭办公室想在中国进行发展，如果对中国一无所知，那么就需要一个社区能够让其更了解中国。在这方面或许可以考虑借力区域全面经济伙伴关系协定（RCEP）下的一个金融服务附件。

第六章

强化金融赋能，锻造更安全的供应链产业链

在当前复杂的国际形势与国内双循环的大格局下，各行业尤其是高端制造的产业链供应链完整问题，兼具国家战略重要性与公众关注度。但由于“补链、固链、强链”投入大、回报期长、风险高等特点，尤其需要资本的支持，亦应是产融结合的重点发力点。如何落实产融结合、以融促产要求，探索产业直投、产业投资基金、融资租赁服务、信托服务、证券服务、期货服务等多种产业投资服务方式，撬动社会资本支持实体经济转型升级，是业界努力的方向。

金融赋能供应链与产业链安全须着眼长远

杨再平*

首先要区分产业链、供应链两个概念。供应链是流量，是短期概念；产业链是存量，是长期概念。存量决定流量。

中国是大、中、小工业类别最齐全的国家，有三千多种，出口排在前三位，我们要解决的是完整性和命脉的关系。一方面，对于国际上的专业分工，既要最大限度参与，同时也要考虑可控，都让别人做或者完全自己做，都不可行；另一方面，全国和地方的关系要搞清楚，我非常担心各个地方都搞完整的工业体系，这是不可取的。

供应链安全的金融赋能很重要的一点，是要最大限度地去融通、促成和维护供求链。有一些供应链在封锁情况下不能完全掌握，但可以最大限度地把贸易做好，最大限度去实现贸易便利化和自由化。可以用一些传统的金融工具，比如贸易金融等。现在关于应收账款究竟多少说法不一，有的说 18 万亿，有的说 20 多万亿。只做其中很小一块，即使 1%，规模也很大。做好供应链，要借助金融科技，特别是基于区块链的供应链金融，现在很多企业都在做尝试。

我们要最大限度壮大和健全产业生态链。美国有一个报告，是关于如何建立有弹性的供应链、发展制造业等，有几个政策值得我们借鉴。第一是补短板，特别是在四个关键领域；第二是增投资，芯片要增加

---

* 杨再平，时任亚洲金融合作协会创始秘书长，中国银行业协会原专职副会长。

五百亿美元；第三是鼓励、激励上游企业；第四是促进成果转换，要在科学、技术、工程和数学等方面进行人才培养；第五是有选择地进行合作，以保持优势等。由这些政策得到启发，如果说供应链是“短平快”，产业链则是“长远深”。要从人才培养开始，大力支持产业研发、成果转化，把各个关键领域从 0 做到 1。

最近关于制造业还有一个说法：谁掌握了生产性的服务业，谁就掌握了制造业未来。跟先进制造业相关的服务业值得我们关注。激励知识的服务生产行业被称为第四产业，比如智能制造服务系统供应商。工信部等最近公布了智能制造服务系统供应商，我们也要注意这个领域，要做起来，形成产业生态和产业集群，还有产业基础设施、产业的转型升级等，要做的长一些、远一些、深一些。

产业链的金融工具跟供应链也不一样，供应链金融主要做贸易融资，产业链更需要长期资本、风险资本、并购资本。短期来说，通过金融赋能可以把供应链做好，但从长期来说，还是要把产业链做好，要抓关键产业，从长、远、深来做好，这才是安全的。

中国政府应大力推动供应链金融

张燕玲*

供应链金融是伴随着西方推动的国际化发展起来的。我接触供应链金融是在20世纪80年代初，那时候西方都抢着给中国贷款，以便向中国输出他们的资本货物。但无论是国际组织援助，还是各国政府混合贷款（政府贷款＋商业贷款），都是贷给中国银行，再由中国银行转贷给企业。银行就要参加项目谈判，了解整个项目进展中的付款时间点，安排各时间点的付款和筹融资方式：如招投标时的投标/履约保函、项目开工后购买设备的信用证，项目建成后的尾款/质量保函等。如果贷款项目资金不足或是在国际市场等资更有利时，会组织一些银团或项目贷款，以优化结构。

西方的资本货物出口到中国来，一般都有后期的合作或产品返购，供应链条都很长，正所谓哪成本低就在哪儿设厂，在哪销售就在哪儿生产。如“三来一补”等，当时供应链金融和现在高科技的四流合一内容是一致的，为全球化提供了便捷服务，特别是在外汇管制时期。

2016年，国际商会（ICC）在海牙召开理事会，当时我是国际商会的执委，其中一个议案是批准《供应链金融的标准定义》。我觉得这对中国非常重要，因为中国当时刚刚开始推动供应链发展，有关文件已陆

---

* 张燕玲，时任商务部中国国际经济合作学会供应链金融委员会主任，中国银行原副行长。

续出台。我组织商务部中国国际经济合作学会供应链金融委员会、人大重阳金融研究院和中国银行的同事，尽快翻译成中文，我又写了一个整体的解读，还请中国银行的两位专家增加了案例，在业界影响比较大。因为在通过这个定义时，ICC同时布置成立工作组，继续修订，我们就没有出书，但是这本非出版物可以作为国际供应链金融业务的参考文件。

中国的供应链金融发展得比较快，中国的参与者比其他国家更活跃。欧洲的情况是银行参与比较多，美国的情况是企业参与比较多，中国的参与者则更加广泛，涉及金融、类金融、自金融、新金融、供应链金融平台，我们的产品也更加丰富。为什么中国这么积极进取？原因是政府的推动力度比较大，当前中小企业融资难问题突出，政府把供应链金融当成了解决这个问题的主要抓手。中国的“十四五”规划要走“双循环”和高质量发展之路，最主要的就是解决产业链的“卡脖子”问题，要补链和延伸产业链，产融结合是十分必要的。全球500强中，82%的企业实现了产融结合。中国的“十四五”规划把产融结合作为维护国家经济安全的重要手段。

但是，相比日本和法国等企业实践，我国的产融结合还存在差距。我们的问题在哪里？我认为是供应链金融还是侧重金融属性。我国很多供应链金融企业是从外贸服务公司或者物流公司过渡而来，觉得“四流”融合就安全了，实际还是要从产业属性来做好供应链金融。

供应链金融实践面临的三大问题

陈道富*

金融赋能产业链供应链，如何从顶层设计到落地？这不是某一个点的问题，而是要从链的角度来谈，强调一个生态的概念，把它看成是有机体，关注循环和网络，关注不同点之间的联系。目前正处在变革时期，网格化的联系正在重构，很多企业和金融机构把自己的环节打开、细化、交叉、重合。这背后反映的，是我们看这个世界不再只是看一个点，而是看一条线、一个网状。加上聚集效应，其实更强调从生态的角度来看这个世界。

金融要介入这个过程，意味着要跟生态结合起来。但很遗憾的是，两者之间的融合还有很长的路要走。供应链包含两个方面的问题，一是完备性和安全性的问题，另一个是有效循环的问题。供应链跟金融相关的部分，对时效性要求比较高，带有货币特征的，一般要求在一年以内，同时还需要真正做到产融结合。这就给中国的金融体系提出两个要求，一是交易所的产品非常标准化，但企业的金融需求是模糊的，需要思考如何把产品供给的标准化和需求的非标准化结合起来；二是提供服务、响应需求时，有很多服务是介于金融和非金融之间，如何让市场可以自主提供金融和非金融服务成为关键。这对金融提出非常高的要求，特别是如何发展准金融体系。

---

* 陈道富，时任国务院发展研究中心金融研究所副所长。

供应链金融在中国发展的时间很长，我们也做了很多探索和努力。在宏观上，我们已经把供应链金融上升到国家战略的高度。做了这么多，为什么我们现在还在谈供应链金融？是什么在阻碍供应链金融真正发挥应有的作用？我谈三个认知和实践上的问题。

第一，供应链金融引入有一定历史的背景，在发展的过程中，供应链金融很自然地跟银行信用连在一起。讲到供应链金融，就会讲应收账款；讲到应收账款，就会讲企业授信；最后就会跟银行信用联系在一起。从银行信用看供应链金融，使供应链生态化运作绑在银行原有的经营模式上。供应链金融最大的特点，不在于强调主体而在于强调生态。怎样重构、拓宽非主体交易信用，如何从银行信用转到商业信用，主体信用转到消费信用，这是要突破的。

第二，谁来主导推动供应链金融？政策上由谁来主导整合？我们做供应链金融时发现，现在政策上不协调，一旦面对这个问题时就会动力不足。无论是从核心企业还是从银行角度来看，要推动供应链金融发展，动力和障碍都存在。对核心企业来说，供应链金融成本和风险收益不一定对称。对银行来说，涉及跨地域，会有很多具体障碍。对物流企业也一样，要面对如何把这些主体聚集在一起的问题。供应链金融其实在政策、法律层面没有障碍，但在具体政策、法规的实践过程当中，有非常多的细节跟供应链的要求不完全符合，需要在实践中不断调整。

第三，我们的网络建设和基础设施还比较有限。供应链金融里面有两个非常重要的基础，核心是要建立起网络状的信息，并且能够分析这些信息。谁来构建这个信息网络，形成闭环的数据？其实现在各方都在某一个点上努力，但要连在一起还有一定的欠缺。此外，企业离供应链金融要求的数字化程度还有相当大差距。现在一些企业甚至工厂的数字化都没有实现，还有一些在集团层面、财务层面、供销层面上数字化也没有完成。企业层面缺乏数字化，要想把供应链金融串起来就会面临巨大难度，因为这是基础性的工作。

产业链布局上的欠缺，使得现实中供应链在往前推进过程当中基础不足、动力不足。供应链金融在中国已经上升到很高的高度，各方也认识到它的重要性，接下来需要我们沉下来，真正的解决供应链上的一些现实问题。

强化金融赋能“补短板”，提高产业链供应链水平

辛仁周*

在经济全球化时代，各个国家和地区都在发挥各自比较优势，哪个产品有优势，做的好而精，就盈利多，是不是能够在整个产业链上有优势，显得没有那么迫切。现在情况不一样了，中美贸易摩擦以来，面临“脱钩”风险。在这种情况下，中国作为一个大国，不光要求有产品优势，还要求有产业链优势。参与国际竞争的重要产业，产业链要求强和水平高，是摆在面前一个很现实的问题。

经过多年的发展，我国工业发展已经取得非常优异的成绩。现在中国已经成为第一制造业大国、第二经济大国，按照联合国工业划分门类，大、中、小各门类都有。但在一些细分的产业链，还有缺陷和短板，必须把它补上。“十四五”规划和2035年远景目标纲要中强调“补短板”，提高产业链供应链水平，说明这个问题非常迫切。

怎样才称得上是产业链水平高？我个人理解，根据“国内大循环为主，国际国内双循环”的目标，应该是在脱钩情况下，重要产业不受大的影响。按照这样的标准，我们现在的差距还不小。在一些领域仍然受制于人，好多产品、产业有“卡脖子”情况，这种情况必须要改变。要逐渐建起产业链，再就是补链和强链。我们要利用原有优势。经过这么

* 辛仁周，工业和信息化部产业政策司原巡视员。

多年的发展，中国在高铁、5G、核电、高压输变电产业具有优势，走在国际前列，在这些方面要进一步发展，进一步保持领先地位，让国际市场与中国产业关系更深入。

从强链、补链角度来看，各个领域都需要资本支持。一项产业建立首先要有技术研发，还需要产业化、市场转化等各个环节，都需要资本市场的支持和扶持。美国在这方面做的比较好，从而使互联网、计算机等技术能够得到突破。一方面，美国有很强的研发能力，包括基础研发能力；另一方面，各个层次的资本市场也很发达。需要资金的时候，各个方面的资金可以给出支持。所以，今天这个主题非常好，强化金融赋能，对提高供应链和产业链水平非常有意义。

近年来，中国非常重视提高产业链的水平，再就是各方资金，特别是资本市场壮大产业链方面，有一些很好的实践。十年前，我国手机、电视面板被日本、韩国卡得非常严重。通过研发和资本市场扶持，现在他们跟我们比没有优势。这方面做的比较突出的有合肥和重庆，通过发挥资本市场的作用，并进行头部扶持，使产业发展壮大起来。

现在包括工信部、发改委、科技部在内，都在铆足劲根据“十四五”规划和2035年远景目标纲要的要求，制定一些专项规划、创新规划、产业发展规划。这些规划近期会陆续出台，对一些需要完善的产业链有明确导向，希望动员各方面的资本进行支持。集成电路大基金已经到两千多亿，高端装备制造也有一千多亿，其他一些基金也都在扶持和支持这方面产业的发展。也希望大家多关注大学和科研机构，一些大学和科研机构法人研究能力很强，但是转化方面不是他们的强项，资本可以给予这些研发成果更好的支持。

以航空强国为核心促进航空工业产融结合

姚江涛*

“十四五”时期是“两个一百年”接续奋斗的关键时期，是中华民族伟大复兴战略全局与世界百年未有之大变局的关口，习近平总书记指出，要不断提升科技支撑能力，党的十九届五中全会将提升产业链供应链现代化水平作为加快发展现代产业体系、推动经济体系优化升级的重点任务，形成具有更强创新力、更高附加值、更安全可靠的产业链供应链，是构建新发展格局的应有之义。

产业链供应链的迭代发展对金融服务深化转型必然提出新的要求，促使金融赋能产业发展跃升至新阶段。产业深化发展的时代背景之下，航空工业旗下的中航资本于 2021 年 6 月 24 号正式更名为中航产融，主要的动因是我们明确公司立足航空，聚焦产业金融发展主线定位，更加鲜明彰显公司主营业务发展方向。以融促产，以融强产，有助于市场更清晰全面认识中航产融。

我们作为航空工业唯一金融平台和产融结合平台，以航空报国、航空强国为核心，促进航空工业产融结合，充分发挥多牌照金融及产业投资服务优势，积极参与集团并购重组，拓展产融结合深度广度，延伸产业价值链。随着这一次更名，公司将在已有发展的基础之上，立足新的起点，承接新使命，迈向新的发展阶段。

---

* 姚江涛，时任中航产融、中航信托党委书记、董事长。

当前我国产业金融已经进入生态化发展和产融深度结合的新阶段，产融结合的生态系统不再是单向流动的价值链，而是能够促使多方共赢的商业生态系统。我们将产业融资、综合金融、供应链金融充分整合，沿着产融协同的互动发展新路径，整合多牌照，如我们旗下的租赁、信托、证券、期货、基金、财务公司等各成员单位，以及内外部的优势资源，通过专业化、体系化、综合化企业全生命周期的金融服务赋能，推动产业基础高级化与产业链现代化，增强制造业内生增长动力，实现现代制造业与现代金融同频共振高质量发展。

截至目前，我们已经投资的主要航空项目有中航飞机、成都凯天电子等，有力支撑了集团公司航空产业及高端制造业创新发展。近期我们已经联合多方筹集 25 亿基金，专门投资供应链，成立名称为航空产业链引导基金，为提高航空供应链现代化水平作出努力，以金融资本助力产业发展，融汇多方资源推动实体经济转型升级。

新冠肺炎疫情冲击下，全球产业链供应链都在加快重构，这是挑战也是机遇。青岛明确提出加快发展新一代信息技术、新能源、新材料等 13 条产业链，根据产业链的基础和城市特质，重点打造世界工业互联网之都、中国人工智能应用与服务产业高地、新能源汽车产业基地、机器人产业基地等，对此我们深有同感，深表赞同。我们在青岛市已经成功设立 100 亿航空产业融合基金，深度参与整个青岛市的建设，与青岛航空深入开展创新合作。目前我们除基金外，跟青岛合作累计提供金融服务超过 550 亿元。我们期待与各位携手共进，共享发展机遇，在国家双循环大格局和“双碳”目标引领之下，共同书写绿色可持续发展新篇章。

产业金融的“道法术路”

范　华*

我的从业经历是从传统金融转向产业金融——有将近三十年传统金融的工作经验，现在开始探索产业金融。前段时间我看了一本研究产业金融的书，提到传统金融有两个痛点：一是已知需求未能满足，比如中小企业融资难的问题等；二是未知无法预测的需求，就如刚才专家说到研究成果的转换不知道未来会是什么样。

产业金融该怎么做？我把它想象成一个太极图，一边是产业，一边是金融。太极图要转起来，有它的“道法术路”。我就沿着这个逻辑讲讲我的想法。

首先是“道”。产业金融这个词是2008年金融危机之后提出来的，我们国家从党的十八大以后一直提产业金融，特别是习近平总书记讲，“经济是肌体，金融是血脉，两者共生共荣”①。金融是服务实体经济的，必须围绕着产业的逻辑来做金融，这就是“道”。

其次是“法”，我总结了一句话，是以产业人的角度来思考、金融人的逻辑来操作。产业链有生存期、成长期、成熟期、蜕变期，供应链是“M+1+N”：即上游M是供货方，1是核心企业，N是销售方，各自

---

* 范华，时任中航产融战略客户委员会常委副主任。

① 《习近平在中共中央政治局第十三次集体学习时强调　深化金融供给侧结构性改革　增强金融服务实体经济能力》，《人民日报》2019年2月24日。

有不同逻辑。做金融要从产业人角度来思考，特别要遵循金融逻辑，包括金融工具怎么使用，合规如何做，风险如何做到可控可预。

怎么操作就是“术”。在产业链中，研究成果要落地，早期需要VC和PE，在成熟期需要传统融资，有现金流要ADS，有上下游需要供应链。产业金融不是传统的信贷，一定要顺着产业不同周期，把各种金融工具——从前端的VC、PE到传统的融资业务组合在一起。

“术”一定要基于产业场景，形成一个个的金融解决方案。传统金融对的是某一个点，做贷款就是做贷款，做贸易金融就是贸易金融，各自分属不同的部门。产业金融就不能按产品线来分部门，而是要基于产业的场景来形成一个个的解决方案，而且解决方案要能够不断地迭代，持续地优化。要站在产业的角度来思考，找每一个产业的痛点，去解决这些痛点。和传统金融机构形成一个生态圈，生态圈里必须有数字化的赋能。如果没有数字化的赋能，就无法识别风险，无法做到风险可控可预。

最后我简单汇报一下我们的“路”。中航资本更名中航产融，愿景立足航空、科技赋能，致力于成为一流的产业综合金融集成服务商。集成服务商其实就是站在产业角度，形成若干个解决方案。怎么做到呢？我们是一个全牌照的平台——有信托、租赁、保险、证券、参股银行，要跟其他银行一起形成一个生态圈。

这就是我理解的产业金融、供应链金融、产业链金融，有独特的“道法术路”。

对 话

袁雪*：我发现本场讨论出现了有趣的循环。杨会长把供应链金融和产业链金融做了区分，到范总那里又融合成产业金融。时间有限，我还希望讨论一个问题，每位专家都提到激励机制，因为解决关键技术，从来不缺政策和资金，但还仍然存在“卡脖子”的问题，请各位专家讲一下资金激励机制应该怎样设计才是一个好机制？

陈道富：这个问题就是产融结合问题。我觉得激励机制就三个词，看得见，看得懂，信得过。要看见主体，看见它的价值。这就要走进产业，才能看到别人没有看见的价值，并且看懂这个价值，跟这个价值共成长。然后要设计出一个能够把双方利益合在一起、信得过的机制，就可以实现产融结合。这会涉及信得过机制的很多具体设计。最后，如何能够有效地响应看见的价值和需求，突破各种自我认知与现有政策背后的隐含认知非常重要，这样才能真正推出适合市场需要的约束机制。

辛仁周：还是那句老话，按照产业链部署核心链，努力实现金融和产业的深度融合，相互促进，共同发展。

张燕玲：如果搞金融，激励机制是最危险的。过去银行为什么那么多做假账的？就是为了拿奖金激励。所以我倒是觉得产融结合非常好，是一种创新。在文件变成现实的过程当中，应该好好研究一下国际情况。先把国内外的经验教训研究透，然后在这一基础上更好地发展。

杨再平：要有一种激励金融机制。我觉得分享就是一种激励，对做某件事情的人，如果取得了成果，就要有分享。比方说供应链金融，某个人在某些方面促进了供应链金融，有一些成果可以计量，有一些不可以计量，但我们尽可能去量化，让他所作的贡献得到分享，这就是一种

---

* 袁雪，时任《财经》杂志副总经理、《财经智库》执行总裁。

激励。

另外，金融支持本身就是一种激励，金融支持作为一种供应链，可以为上下游企业增信，可以使得买家价值更加提升，使供应链更加顺畅或者更加安全。

范华：我理解这个激励是金融融合激励产业，比如产业转型、研究成果怎么落地。产业金融激励如何实现？路径是要解决四个问题：第一，把资源转换为资本；第二，把资金转化为资本；第三，把知识产权转化为资本；第四，把未来收益权转化为资本。

我们最近设立航空产业链引导基金，在青岛、在成都设立碳中和引导基金，同时我们也跟一些研究院所设立创新引导基金，其实都是来促进产业的一些研究成果落地，以及在产业转型中发挥金融的作用。当然这个过程中，产业促进我们把金融的工具使用得更加熟练，以及我们的解决方案更加贴合产业，我理解的激励是从这个角度。

袁雪：好的，我们达成的共识就是金融要保持本源，但也要不断创新、不断探索。非常感谢各位嘉宾，也非常感谢在座的听众。

第七章

财富管理与资产配置新业态

财富管理正在从以产品销售为导向的阶段向以资产配置服务为核心的新业态转变。一方面，金融科技重塑财富管理新生态，要求服务更加智能、专业和普惠；另一方面，资产管理新规实施在即和疫情下全球经济的错综复杂形势使资产配置呈现新趋势，投资更加多元化、国际化，要求金融机构提升投研投顾、风险控制、投资管理等多项核心能力。在当前全球经济低迷、宽松浪潮开启的大背景下，要怎样做好资产配置？国内的财富管理机构又将如何把握ESG这一发展方向？未来，财富管理行业还有哪些新的趋势？

保险应在中低收入财富管理领域发挥更大作用

商敬国*

财富管理和资产配置不仅仅是高收入人群的特权，其实也是中低收入群体日常生活很重要的一个方面，在中低收入者的财富管理上，保险也是可以作为资产进行配置的，而且保险应该能发挥更大的作用。

第一，个人保险资产其实是一个人财富的压舱石，是一个人最基本的、最底层的资产。为什么这么说？因为保险贯穿了一个人整个生命周期，是对生老病死各种意外进行的经济补偿。除政府提供的基本福利保障之外，还有个人保险这样一个补充产品。在欧美发达国家买保险非常普遍，如果没有保险的话，民众都会感觉很不安全。这使得个人保险产品具备了底层资产的特点。保险是小概率、大风险事件，会使个人财富能够释放出更多的资金用于投资一些相对高风险的资产，从而创造更多高风险、高收入的机会，最大程度地分享经济增长的红利。保险的这个功能，我认为是它最重要的竞争力之一。

第二，保险其实是类金融资产，它能更有效分散投资活动风险。投资中我们往往只看到收益、忽视风险，而保险是在投资组合中最能有效对冲风险的。保险的稳定属性，区别于银行、证券、基金等，而且与个人资产有很好的相关性，是用于分散风险的最好的一个工具。这一点在

---

* 商敬国，时任中国保险行业协会秘书长。

高净值人群当中是相当被认可的。

第三，传承资产。一代一代的财富怎么传承？保险是一个很主要的工具。保险产品的受益人所享有的保险利益，不受其他债权债务的影响，可以比较顺利地、以较低成本进行家庭资产传承。在未来保险是一个很有效的传承家庭财富的工具。

第四，保险是长期资产，可以在未来稳定地供给养老现金流。这一点没有一个资产可以和保险相比，养老保险是个人未来很重要的资产，是个人在工作中积累的最大的一笔财富。因为我国国民寿命不断延长，长寿时代的到来，使得我们未来需要更多的钱做准备。在有效的养老保险制度下，我们分散的个人养老金能够通过养老基金的有效管理和投资，获得更高的收益，让人们充分享有经济增长红利。

其实在我们国内，保险公司对保险产品还是处在一个销售的阶段，保险资产在个人财富配置中的作用并不理想，人们买保险也不是为了资产配置，更可能是源于销售人员的强力推销。当前，保险产品大都偏投资特性、偏重收益，而客户也没有资产配置的概念，比较看重投资收益。所以从资产配置角度讲，中国保险市场的未来空间还是相当大的。

未来保险怎么配置？保险不仅仅是个人的投资功课，它更需要一些制度安排。多层次的医疗保障体系和多支柱的养老体系，才是实现低成本、高效率配置保险资产的最优方式。通过制度的安排，使个人的保险资金能够自动配置到未来需要的一些地方，保险的风险保障和长期储蓄的作用，就会在个人财富资产配置中逐渐显现并起到应有的主导作用。

国内的保险市场发展很快，资金量也很大，但是保险这个最重要的作用还没有发挥出来。我们不能每天都想着收益率要保持两位数的增长，这是不可能的。保险要与银行、证券形成互补，降低个人财富波动的风险。提升财富配置的效率，让保险真正起到个人财富管理的压舱石和底层资产的作用，这样保险业才能真正实现保障和长期储蓄的目标。

从这个角度来讲，我们现在所处的阶段还是很初期的。保险应该起到什么作用，应该分散哪些风险，在未来对个人而言应该起到哪些其他金融工具不能替代的作用，找到答案，还仍需走很远的路。

标准化时代的财富管理服务

Giamberto Giraldo（蒋百德）*

意大利联合圣保罗银行是意大利最大的商业银行，进入中国比较早。1984 年，我们在香港设立了一家对公业务的分行。2007 年，我们收购了鹏华基金 49%的股份，2007 年成为青岛银行的第二大股东。我也是那时从意大利来的中国。后来我们决定做新的项目，最重要的目标是做财富管理。我们成立了一个基金销售公司，正在筹备合资的证券公司，后期我们会考虑保险业务和私人银行业务，我们要设立一个全面的平台，提供全面的服务。

现在中国财富管理市场面临非常大的变化，从非标准化的时代进入标准化时代，从监管部门看，市场要建设成标准化市场，才可以保护投资者。

意才基金注重三方面的工作，第一个方面是服务，这个服务是我们去了解客户，从之前的投资模式，转变为进行资产配置，其中保障是非常重要的一个部分。前几年市场有很多销售产品，但是专业的理财师比较少。我们最大的工作是培训理财师变成非常好的私人银行家，从而帮助我们的客户，让他们明白产品真正的风险，按照自己的生活需求来做好资产配置。不是一个产品符合所有的客户，而是每一个客户有自己的特殊的需要，按照客户的实际需要安排好资产配置。这是一个非常重要

---

* Giamberto Giraldo（蒋百德），时任青岛意才基金销售有限公司总经理。

的部分，是不容易做好的工作。

第二个方面是产品，非标产品和标准化产品是不一样的。现在发展做资产管理，努力为客户提供好的标准化产品，以满足客户的需求。我们的目标是为每一个客户提供一个方案，所以不会有一个方案针对所有的客户。

第三个方面是数字化、电子化市场。我们能够发现，现在不需要到网点，都是通过 APP 做业务。但是 APP 有好的方面，也有不好的方面。手机不能表达这些产品所有的信息，尤其所有的风险信息，所以一方面是好用，一方面是不好用。我们要做的三方面工作是连接我们的能力、理财师的专业跟客户的可操作性，用手机来投资，保障客户的安全，保障能有专业人士给客户介绍所有我们提供的服务和方案。

经济复苏主题下的资产配置

王琼慧*

作为一个综合性金融集团，摩根大通有很多业务，在国内主要是投行业务线、资产管理业务线，另外跨境业务、国际业务也是我们的强项。摩根在全球的资产管理规模是2.6万亿美金，接近17万亿人民币左右，是全球最大的资产管理公司之一，有固定收益、股票、货币市场基金、流动性管理、另类资产管理等，是一个全能型的全球资产管理平台。

在中国，摩根旗下有一家2004年成立的公募基金合营企业——上投摩根。了解中国公募基金行业开放历程的都知道，在2018年之前，国内资产管理公司引进外资，特别是公募基金公司，外资最高比例是49%，所以摩根的持股比例就是49%。2018年后，中国的金融开放步伐加快，这个比例可以突破51%了。2020年4月，证监会宣布取消外资股比限制，外资可以100%控股，摩根现在也在往这个方向努力，并且已经成立了中国第一家外资全资拥有的期货公司①。

在跨境业务上，一方面我们帮助国际投资人投资中国，早在2005、2006年就开始做QFII投资中国，让国际投资人的资金投入中国的资本市场；另一方面，我们也帮助中国的投资人投资海外，我们有全球的

---

* 王琼慧，时任摩根资产管理中国区总裁。

① 摩根于2021年8月成立了中国第一家外资全资拥有证券公司。

投资网络、投资产品、投资平台、投资策略，国内投资人通过 QDII、QDLP 以及 2015 年推出的互认基金等形式来投资海外。

谈到财富管理，在国内，这个概念经常与资产管理相混淆。但在国外，这两个概念分得非常清楚。财富管理是渠道平台的服务，以客户为中心，满足他们的财富管理需求。资产管理是其中的一个精准和专业的投资环节，以专业的投资能力，为有投资需求的客户提供资产配置或者是单向资产类别的投资服务。

摩根的资产管理主要是做资产配置，包括战略资产配置、战术资产配置等，我们每个月、每个季度都会及时发布资产配置的观点。从摩根的视野看资产配置，当下主要有三个大趋势。

第一是把握当下的经济复苏。在国内，不管是在上海、北京还是青岛，大家能够坐下来参与大型的线下会议，就可以知道我们的疫情防控走在了国际前列，这对消费、对企业而言无疑是重大利好，从中可以想象中国经济的复苏前景。现在看全球的经济复苏，各个区域、各个国家差异相当大，美国、英国的疫苗接种比率在发达国家中算是比较好的，但是其他国家要么疫苗供应不足，要么公众的接种意识不够。如果把疫苗接种跟经济复苏做一个简单挂钩的话，有些经济体的复苏之路还不是那么平坦。

经济复苏是个大主题，比较利好风险资产。中美作为全球经济的两个主要引擎，我们预期这两个经济体高速复苏的阶段已经过去，但还会有稳定的增长。两个市场里，下一步收益主要来源于基本指数里不同板块的联动。另外今年我们很看好欧洲，随着疫情防控升级、感染率下降以及疫苗接种比率提升，再加上欧洲复苏基金的强劲外部支撑，欧洲也可以进入一个高速复苏的阶段。亚洲经济体的出口水平我们仍然很看好，但是内需想要恢复到均衡水平，还是需要一段时间。

第二是周期性联动。在全球政府债券收益率上升的情况下，目前有很多战术性投资人看重周期性股票，比如工业股、材料股、金融股等等，反之科技股短期受压相对走弱，这个态势我们认为会延续到 2021

年下半年。但是科技股长期的增长空间还是值得看好，目前科技股经过调整后估值吸引，一些战略投资者会趁机进行配置组合。科技股中有一些巨头近期受到监管审查审计的压力，对比之下一些中小盘的科技股受到更多关注和青睐。另外，通货膨胀的确会对制造商产生一些压力，所以周期股方面也推荐能源、原材料，这些周期板块的投资可以帮助大家对冲通货膨胀以及原材料价格上涨的压力。

第三是全球投资，不管是零售还是机构投资人，都在持续寻找稳定的现金收益、现金来源、现金流。现在随着美联储加息预期上升，持有核心债券和长期债券的投资人承受一定压力，此时高收益企业债能在全球经济复苏的大背景下，提供相对较高的回报，为债券投资人带来比较好的保护。另外，股票也能提供不错的收息，经济复苏利好企业盈利，很多上市公司也会提高派息比率，全球股息派发水平有望恢复。最后，也有很多投资者看好跟股市关联比较低的现金收益，比如核心区域的房地产、核心的基础设施，能产生良好现金流的，也是不错的配置选择。

财富管理五大新趋势

宋永明*

今天讨论的主题是“财富管理与资产配置的新业态”。什么是新业态？从财富管理和资产管理统一广义的角度看，符合资产管理新规精神的模式的就是新业态，简单概括起来就是主动化、净值化、标准化和规范化。主动化就是要提高主动管理能力，当然这包括指数型等被动管理产品，除了普通的主流指数基金外，行业指数的选择和设计，smart B产品的推出以及指数增强产品都体现了公司的主动管理能力；净值化就是要打破刚兑，由预期收益型向净值化产品转化，由投资者来承担资产管理的收益和风险，资产管理机构根据合同收取管理费（包括私募产品的超额收益分成）；标准化就是鼓励投向标准化产品，限制非标准产品的投资；规范化就是要打破资金池，单只产品的资金单独管理、单独建账和单独核算。符合上述标准的就是新业态。

未来财富管理和资产管理行业有哪些发展趋势？

一是各类机构会更加强调协调配合。在广义的财富管理行业中，形成一个从居民财富到财富管理机构，再到资产管理机构最终到底层资产的一个产业链条。在这过程中有三个节点，分别体现了获客能力、资产配置能力和资产管理能力。行业内很多机构既是财富管理机构也是资产管理机构，它们各有特点，互有短长。比如银行机构网点多，拥有客户

---

* 宋永明，时任民生加银基金管理有限公司副总经理。

数量优势，但资产配置特别是权益产品的配置能力相对较弱；银行理财依托银行具有庞大的客户资源，目前阶段更加强调资产配置，资产管理能力还在建设中；券商的产品管理和资产配置能力较强，也有一定的资产管理能力，但客户数量相比银行不足；基金公司投资和配置能力较强，但个人直销客户不足，大多依靠银行和第三方机构获客；互联网等第三方机构获客能力强，也有较强的资产配置能力，属于典型的财富管理机构。未来各类机构在市场上将依托不同的牌照和资源禀赋，强调协调配合、互通有无将是未来的发展趋势。

二是公募基金的行业地位日益凸显。这里讲公募基金在资产管理行业的地位重要，并非因为我身处公募基金行业中，而是公募基金代表了资产管理行业发展的未来，它是最规范、最透明、最标准化的资产管理业态。资产管理新规颁布以来，公募基金行业得到了快速发展。截至 2021 年 6 月底，公募基金市场规模突破 23 万亿，比 2019 年初的 13 万亿增加了约 10 万亿。在 2019 年和 2020 年牛市行情下，公募基金规模分别增长了 14%和 35%，即使在 2021 年上半年市场震荡行情下规模也增长了 15%。截至目前，公募基金占到了百万亿资产管理行业市场份额的 23%，比 2019 年初提高约 9 个百分点。2021 年底资产管理新规过渡期结束，可以预见，未来公募基金仍然会凭借其制度优势得到进一步持续发展。

三是权益类投资将进一步提升。近年来资本市场深化改革结合相对宽松的流动性推动了市场景气的上升，再加上监管层引导机构长期资金入市的政策意图，使得各类资产管理机构的权益类资产占比迅速提升。以公募基金为例，截至 2021 年 6 月底，我国权益基金突破 8 万亿，比 2019 年初增加 3.6 倍；在公募基金中的占比约 35%，比 2019 年初提高 18 个百分点；占 A 股流通市值的 8%，比 2019 年初提高近 4 个百分点。目前监管层对于非权益公募基金采取一定的限制措施，比如货币和短期理财基金规模不列入公开排名、货币基金 T+0 单日赎回上限 1 万；对于债券型基金产品只能申一报一，机构版债券基金不允许出现拼单现象，而对权益基金一直采取大力发展的态度。

四是买方投顾未来空间将非常广阔。公募基金行业当前发展中的一个重要问题就是“基金赚钱、投资者不赚钱”。根据麦肯锡的调查，截至2018年末，我国近6成基金个人投资者未获得盈利，其中约25%亏损（6%的基民亏损大于30%）。投顾业务目的是推动基金销售从“卖方代销”向“买方咨询”的转变，是体现财富管理本质、提升投资者收益的重要模式。美国的专业投资咨询公司在共同基金专业咨询、资产配置方面占据举足轻重的地位。据研究表明，美国投资者78%会选择投资顾问购买基金，其中40%只通过投资顾问购买基金。2019年10月，证监会启动投顾业务试点，到现在已有55家机构获得了投顾业务资格。可以预见，监管部门将会充分发挥各类机构的资源禀赋，持续深入推动投顾业务的发展，从而促使基金行业回归本源，通过提升投资者利益而获得高质量发展。

五是绿色金融和ESG投资将更受关注。ESG投资在几十年前兴起的时候是情怀，发展到现在已经是实实在在的回报了。据研究，2013年5月到2020年11月，在MSCI全球指数中，ESG评级前1/3的公司比后1/3的公司平均每年有2.56个点的超额收益。我想这背后的原因主要有两点，一是环境保护、可持续发展等主题会得到更多的政策支持，二是可持续发展和关注公司治理也正是价值投资的体现。从前者看，今年碳达峰、碳中和被首次写入我国政府工作报告，据央行估计，2030年前中国减排每年需投入2.2万亿元，2060年前每年需投入3.9万亿元，这为ESG投资奠定了良好的政策环境。从后者看，这两年资本市场实现规范治理，正本清源，价值投资大行其道，也与ESG投资理念一脉相承。目前Wind中ESG投资基金项下共有公募基金160多只，其中发行规模超20亿、成立满5年的产品投资收益全部跑赢同期沪深300指数。可以预见，未来ESG投资将具有更广阔的发展空间。

养老投资会是中国财富管理发展的最主要驱动力

戴 旻*

富达国际原本是美国知名资产管理机构富达投资的国际管理部，1981年独立出来成为富达国际，专注于美国市场之外的其他全球市场的资产管理业务。截至2021年一季度，富达国际资产管理规模约在7400亿美金左右。

富达国际和富达投资有相似的基因，有几个特点：第一，作为私人公司，我们更注重资产管理业务的长远规划，更注重持续性，也更坚持自己的中长期理念。第二，作为一个独立决策的资产管理公司，独立是我们的基因之一。在国内有非常多的合资资产管理机构，但是富达在国内没有任何合资行为。证监会提出资产管理行业对外开放相关政策之后，我们也是第一时间向证监会提交了全资资产管理和基金管理牌照的申请。独立是我们的重要特点。第三，我们是坚持长期的自下而上研究驱动的公司，主动管理是富达非常重要的基因之一。

对于全球资产管理以及财富管理行业的未来，我们觉得值得关注的趋势主要有三个。

第一，气候变化和可持续投资正在更加深度地影响财富管理和资产管理行业。富达国际做过一个非常深入的研究，我们发现未来气候变化

* 戴旻，时任富达国际多资产投资策略总监。

会影响全球投资者的长期资产配置行为，这样一种影响可能来自多方面：首先，如果全球不同国家、不同经济体没有对气候变化有协同、有效的应对，那么可能未来气候变化就会对全球不同经济体在不同程度上产出负向影响。其次，如果我们对气候的变化缺乏有效应对，未来可以预见全球的通胀会处在一个较高的波动水平。我们认为气候变化和应对，各国应该是协同的，在协同的基础之上，我们才能对于未来的资产配置，对于长期资本市场假设出一个可以预期、可以前瞻的投资者回报。目前，富达的经济学家正在和三方独立研究机构一起，综合衡量气候变化以及相关政策应对对于全球资本市场长期的影响，特别是未来对于长期资产配置、战术资产配置的影响。

正是因为气候变化可能会深入影响整个财富管理行业，可持续投资就不再是简单的可选择项，而是已经变成参与者必须要尽到的责任和义务。我们观察到，越来越多资产管理者、投资管理机构，正在通过主动参与上市公司的可持续投资相关的治理结构，帮助企业去更高质量地推动可持续发展。例如，富达国际曾经深度参与一家大中华地区服装企业运营管理，我们发现它在 ESG 披露上总体质量非常高，但在污水和废弃物排放上有更多可以改善的地方，我们主动向其管理层提出好的建议，共同推动企业在可持续发展（包括可持续信息披露）上，有更高、更好的表现。

这样做，不仅是推动全球对环境、对可持续投资的重视，还将对终端投资者带来好的效果。疫情期间富达做了一个调查，2020 年 3 月，市场因为疫情影响，出现恐慌性抛售，实际在这一波市场抛售的下行过程中，这些重视可持续发展的企业，其表现相对更好，长期业绩也会跑赢指数，为投资者带来更好的回报。我们也观察到可持续投资的理念在国内正在蓬勃发展，富达国际对中国投资者的调研表明，77%以上的投资者认同可持续投资的理念，并希望自己在未来投资过程中能够优先选择可持续投资相关的投资策略、投资品种。

第二，科技对财富管理行业的改变是有持续性的。无论是财富管理还是资产管理行业，从投资端的投资管理，到投资产品运营，再到财富管理产品销售与分销，再到现在比较新的概念智能投顾，科技变化、数字化的变革可以为不同环节提供升级和机遇。无论海外还是国内，更多的资产管理机构开始把自己的服务去前置。受益于科技化和数字化的转型，越来越多的资产管理机构把资产管理变成服务提供者，而不是传统的产品提供者。这是我们看到的一个重要趋势，过去多年我们也一直在探讨怎样通过数字化转型，在不同环节领域技术升级，把资产管理变成服务，为终端客户提供定制化方案。

第三，未来中国市场上，养老投资会是财富管理大发展的一个最主要的驱动力。2019 年，中国人均可支配收入已经突破 1 万美元大关；而根据权威的第三方报告，2020 年中国境内所有的可投资资产已经超过 240 万亿元，且未来会以每年 10%的增速发展。这个过程中，催生了更多的养老投资需求。

这个过程中我们发现了很多可喜的变化，首先，个人投资比例正在显著提升，净值化的产品、主动化管理的产品、风险类的产品比例在提高。但是国内投资者长期投资、持续投资、养老投资的理念还是有一定欠缺，目前选择投资品种仍然偏短期化，更加关注短期业绩。所以在这个过程中，怎样让境内投资者享受到养老投资、长期投资对个人财富规划所起到的积极作用，这是需要我们大家共同思考的。

根据富达国际在海外的经验，我们发现仅仅是提供一个合适的养老产品、提供一个好的投资业绩还不足够，我们可能要花更多的时间在投资者教育上。富达投资在美国已经花了 40 年时间为美国机构提供养老投资教育，为财富管理机构、为终端投资者提供教育的过程确实可以起到显著效果。希望未来各家机构都能在这个过程中投入更多的资源，为全世界投资者提供更好的投资意识、风险管理意识、财富管理意识培训，共同推动财富管理、资产管理行业的健康发展。

财富管理行业正面对
新格局、新机遇、新挑战

宋　斌*

青岛是个特殊的城市。就金融发展而言，财富管理中心的建设，南北城市各有特色，各有所长。北京作为首都体量最为高大，上海功能最为齐全，深圳联通香港对接全球最为通达，而青岛近些年建设新型财富管理中心的过程中，通过设计、规划、培育、发展而不断成长，异军突起，成绩显著。我们今天论坛举办的所在地崂山区，在财富管理支持产业与金融结合方面，就走出来一条有成效、有积累、有未来的特色道路。

就财富管理全行业而言，共同面对新格局、新机遇、新挑战。财富管理已经从手工作坊式的旧有模式，进化到智能化、科技化、市场化、专业化及更加广泛化的新业态，其中互联网金融在财富管理中占据了极为重要的地位。在过去的五年，互联网金融为载体的财富管理，前进一波三折，发展波澜壮阔。

当年中国互联网金融协会的成立，恰当其时，规范治理，为互联网金融奠定一个好的后续成长基础，功不可没。李东荣会长作为领导者和亲历者，以几十年宏观经济研究和金融管理的经验，为财富管理行业的

---

* 宋斌，时任云月产融创新董事长、上海战略研究中心智库理事长、北京基金业协会执行副会长。

过去画像，对现在诊断，为未来指出路，为解决行业的困难与问题，提出许许多多切实可行、亟待可行要做的事情，也为我们嘉宾讨论奠定了一个很好的基础，也有利于我们对宏观与政策的情况、未来的趋势有很好的了解与期待。

我们所讨论的高质量发展下的财富管理升级，面临着三个方面的深刻变化。

第一是财富管理内涵与外延的变化，首先要理顺财富管理与资产管理的关系。就财富所有者的主体而言，是对财富的管理，对资产的配置。就第三方服务机构客体而言，则是受托或帮助财富所有者，提供管理资产的服务。

第二是财富管理客户构成与需求的变化。现在的客户已经由当年的感知型客户，进化成为知识型客户，进而正在进入变为智慧型客户的阶段，加上数字与智能投资工具的广泛理解与普遍应用，客户对于财富管理理念、资产配置能力、投资业绩水平要求日益提高。

第三也是作用更为重要、影响更为远大的变化，就是更为广义的财富管理，不仅只是提升中国家庭及高净值人群资产配置水平的工具，而且将升级为支持地方经济与产业高质量发展、帮助企业资产配置与财务优化以及企业资金管理与资本投资发展的重要力量。

财富管理与资产配置不是孤立的，需要切合社会进步与经济发展的步伐，发挥金融资本为核心，跨界跨域整合资源为支撑，支持实体经济发展和改善民生的巨大作用。最近我们中心在上海主导发起设立长江三角洲暨长江经济带普惠医疗健康联盟，资本产业结合助力，医疗资源下沉基层，就是为了帮助实现共同富裕下的百姓共同健康、人民共同幸福三大目标的有益尝试。嘉宾们讨论到最近的热点话题，就是社会责任投资和绿色投资，云月投资（Lunar Capital）作为专注投资中国消费行业的全球知名并购基金，是第一批加入社会责任投资国际组织的，我们协会最近也协助国务院发展研究中心的发展基金会，举办了这个主题的国际业界专题研讨会。我们新的发现是，中国的社会责任投资和绿色发展投资，与国际上所讲的概念与内容并不完全一致。我们中国传统文化中的天下大同、兼济天下的理想，对社会责任投资要求的范畴更大，内容更为丰富，对财富管理的正向引导与促进，持续效应将更加明显。

中国的财富管理行业还处于起飞期，对照全球发达国家和行业龙头，业态容量与机构规模依然不大，仍然非常需要政府的扶持、政策的引导，以及更广泛的市场与投资者教育。也需要政府鼓励通过市场化的机制和专业化的手段，采取联合、收购、合并等方法，发展壮大本土财富管理行业与资产管理机构。当然我们还需要在更多方面做出更多的努力，例如要将保险作为财富管理资产配置的重要构成来考虑；外资财富管理机构要在本土化竞争过程中提升团队创新成长；要充分重视数字化智能化技术在财富管理和资产配置中的应用；要积极研究并积极探索将财富管理中的证券投资与股权投资有机结合互为补充等。当前要特别注意研究在全球疫情尚未消退，中美竞争日益加剧，中国双循环战略实施初见成效的背景下，中国的财富管理结构将如何变化，以及在全球资产配置的策略与机会。

第八章

数字货币落地与展望

数字货币正在逐渐从概念走向落地。全球多国纷纷加速央行数字货币布局，业界普遍关注数字货币在促进金融普惠、提高交易效率及改善跨境支付方面的潜力。中国数字人民币在顶层设计、标准制定、功能研发、联调测试等多方面走在前列，数字人民币试点测试工作正在稳步推进，青岛成为第二批试点城市之一。在试点过程中，数字人民币有哪些具体的应用场景，应该如何逐步推进？未来，数字人民币在推动消费增长、数字贸易发展乃至工业互联网方面有哪些潜力？

去中心化金融挑战传统金融模式

李礼辉*

围绕数字货币这个话题，不能不谈去中心化金融。

去中心化金融常见的定义是基于分布式账本、端对端网络、可编程智能合约的去中心化、去中介的金融平台、金融交易和金融服务。比特币最早撬动了去中心化金融，并且在去中心化的金融市场中成为币值最大的虚拟货币。2017 年以来，基于以太坊的去中心化金融交易和服务也发展得很快，试图要形成一个自洽的新的金融体系。

去中心化金融能在很大程度上挑战现有的、传统的中心化金融模式，游离于现行金融监管之外，应该引起高度关注和高度警惕。

不同形态的去中心化金融

去中心化金融并不完全是自嗨的社区游戏，而是以不同的模式揭示中心化的经济实体，可以将其大致分成三个类别。

一是成为投资 / 投机平台的币圈。以比特币为代表的非法定加密数字货币，不仅是公有区块链虚拟社区的价值标记和支付工具，还可以与法定货币交易，形成交易价格，具备某些金融工具的属性，所以被称为

---

* 李礼辉，时任中国互联网金融协会区块链研究组组长，中国银行原行长。

“虚拟货币”。虚拟货币没有行政许可的发行责任主体，没有可证实的资产支撑，也没有公众信任的信用背书。十几年前比特币带着区块链的标签问市的时候，几乎是无声无息，几乎没有人能洞察它的未来。虚拟货币对中心化这种模式的第一波冲击，来自于虚拟货币上市融资，就是所谓的ICO。有一段时间虚拟货币的市值急速膨胀，价格非常高，2021年5月初全球虚拟货币总市值一度高达2.55万亿美元，超过美联储经济数据库4月29日公布的2.15万亿元的美元流通量。这个市场吸引了众多的投资者、投机者，韩国的虚拟货币投资者高达581万，如无重复计数，占韩国总人口的比例超过11%。

第二，以金融资产作支撑的稳定币。稳定币应运而生，比如USDT、USDC等。稳定币的市场是高度集中的，到2021年7月初，稳定币的总市值超过1100亿美元，排名前3的稳定币占比约90%，其中USDT的市值约为640亿美元，USDC约为260亿美元，Binance USD约为110亿美元。当然，尽管稳定币号称对接金融资产，但目前根据我的观察，仍然还是缺乏有效的金融监管和可信的外部审计。

第三，基于以太坊的去中心化的金融协议。MakerDAO是第一个基于以太坊网络的去中心化金融协议，基本功能是发行稳定币DAI。陆续出现数十个基于以太坊网络的去中心化金融协议，比如去中心化交易所Uniswap，还有具有借贷功能的Compound，具有资产管理功能的Balancer，具有金融交易撮合功能的Synthetix等，这些几乎可以成为自洽的新的金融体系。

去中心化金融带来颠覆性冲击

第一个冲击是投机性。去中心化金融市场充斥着投机、欺诈和庞氏骗局，这个观点有些学者不一定完全认同，但至少是存在的。虚拟货币的账户相对集中，这些关键少数位于食物链顶端，有能力操纵市场，散户往往被“割韭菜”。众多杠杆交易在暴涨暴跌中被强制平仓，这几个月爆仓的资金累计超过 100 亿美元。

第二个冲击是去中介。去中心化金融采用对等网络、智能合约、分布式账本等技术，不同的去中心化金融工具可以建立自动做市、自动清算机制，形成去中介的链上金融体系，所以它是可以脱离银行等金融中介的。

第三个冲击是难监管。在这样一些去中心化金融协议的应用中，开放的网络没有准入限制，透明的资金流便于交易方跟踪，非中央控制的交易拒绝监管者的管控和审查。可以说去中心化金融的交易可匿名、可跨境，又难管制，可能会成为资金非法流动和投机交易的工具。有人估算过，全球地下经济规模高达 20 万亿美元，需要地下可信任、地上难管控的支付工具。

积极应对去中心化金融挑战

去中心化金融发展到现在，才刚刚步入第 12 个年头，就已经出现了规模化和全域化的苗头，我们还是要积极地应对。首先应该关注，虚拟货币到底会不会进入大众化的交易和支付场景。全球加密货币交易所的交易金额在 2020 年 4 月为 1000 亿美元左右，到 2021 年 3 月就达到 1.2 万亿美元。造成虚拟货币交易暴涨因素是错综复杂的，未来虚拟货币的发展，我认为可能会取决于三个非常重要的因素：公有区块链的底层技术创新能否突破规模化可靠应用的瓶颈；虚拟货币能否形成独立于价格之外的真实经济用途；主要经济体的金融监管立场和政策。这其中，机构投资者和跨国公司的态度将直接影响某种虚拟货币的供求平衡和价格走势。

我们还应该关注去中心化金融将在多大程度上替代传统金融？前不久高盛发表了一个报告，由于目前全球大多数的去中心化金融应用都建立在以太坊网络上，考虑到具体的用途、用户的基数、技术迭代的速度等因素，报告认为，以太坊可能会取代比特币成为主流的加密货币。

西方国家其实是很重视去中心化金融监管的。2020 年 9 月，欧盟委员会通过加密资产市场法规，严格管制去中心化金融交易，规定加密资产发行人必须作为法人实体在欧盟运营和提供服务，严格遵循金融法则。美国的态度是有放也有管，2017 年 12 月，美国就开放了比特币交易；2021 年 5 月 26 日，美国证券交易委员会新任主席对去中心化金融平台表示担忧，他表示期待跟有关监管机构加强合作，填补监管空白，在加密货币市场加强对投资者的保护。

美国等西方国家对去中心化金融、去中心化虚拟货币一直保持审慎和警惕，但是最近其对可信的商业机构发行的私人数字货币的态度明显松动。欧美日等七个中央银行和国际清算银行制订了一个央行数字货币的基本原则，提出央行数字货币应该与私人数字货币并存。2021 年 6 月 29 日，美联储副主席发表演讲，表示私营机构可以发行结构合理的稳定币，并认为它将会支持美元在全球数字化经济中的角色。我们要警惕的是，Libra/Diem 一旦获得批准，很有可能迅速发展成为全球性的超主权数字货币，形成超越国家主权的货币替代，并且可能在数字经济时代强化美元的货币霸权地位。

致力于建立面对全球的数字化金融优势

中国的金融创新、金融科技创新，可以说可圈可点，但展望全球，中国面对的全球金融竞争可思可虑。就去中心化金融来说，它既是未来全球金融监管的热点，也可能会是未来国际金融竞争的热点。所以我们应该致力于建立面对全球的数字化金融优势。

首先，要把数字人民币打造成全球最佳的央行数字货币。最近央行发布了白皮书，对数字人民币做了一个非常准确全面的阐述。打造全球最佳的央行数字货币有利于在数字经济时代维护中国的金融安全，维护中国的货币主权，有效应对外来的强势数字货币对本国货币体系和金融体制的冲击，也有利于助推普惠金融，有效应对虚拟货币对现有货币体系和金融体制的冲击。要完善数字人民币的底层技术架构，完善应用场景的设计，也有必要完善央行数字货币运营管理的体制机制，目标就是确保数字人民币在高并发市场中的规模化应用。

其次，思考在数字化时代，如何构建数字化金融基础设施的安全屏障。数字货币及去中心化金融，到底能不能穿透一国的金融基础设施屏障，进而穿透法定货币主权的边界，现在的看法并不完全一致。我认为至少弱小国家在很大程度上难以形成坚固的技术屏障和主权边界，来应对外来强势数字货币和去中心化金融的冲击。中国是经济大国、金融大国，我们实行更高水平的金融开放，包括资本市场的开放，这是我们的基本国策。另外，维护经济金融的大局稳定，主动防范系统性的金融风险，是我们金融监管的底线。所以，有必要深入分析分布式对等架构、去中心化架构等数字化技术已经具备及潜在的“颠覆性”可能，重点研究基于全新数字技术的数字货币，以及去中心化金融工具穿越金融基础设施屏障的可能路径，研究技术对策和政策预案，构建数字金融的安全屏障。

最后，构建一个穿透式的金融监管系统。数字化技术的创新和应用，正在改变金融业的传统模式，逐渐形成交互、交叉、交集的金融新业态，这就迫切需要监管的创新。数字化的金融监管系统应该由金融监管部门共建共享，执行一致化的合规标准，要能够覆盖所有的金融机构，要能够穿透不同领域的金融市场和金融业务。同时通过这样一些技术措施安排，能够实现金融监管全流程、全方位的智能化，超越流程复杂、耗费资源的现场监管，降低监管和被监管的成本。

要对数字人民币的未来充满希望

刘晓春*

人民银行之所以要发行数字人民币，或者说数字货币，主要是为了适应今后数字经济的发展，有数字人民币的加持，可以让数字经济更加顺畅地发展。

第一，数字人民币究竟会发挥什么样的作用？从科技发展的规律来看，在某项技术刚刚出现的时候，人们会有很多想象，有些想象可能是异想天开，但应用以后才发现，其作用远远超出了当初的想象。所以，要对科技发展充满希望。数字人民币，从目前试点情况看，已经有将近千万的应用场景，但这些场景中究竟哪些会成为真正成规模的应用场景，还需要实践的检验。可以肯定的是，数字人民币将促进数字场景下的各类交易和支付的快速发展，更会催生一批新型交易模式，形成新的数字经济支柱产业。归结一句话，数字人民币将在数字经济领域发挥货币职能作用，但支付会更便捷、更安全。

第二，要分清几个概念。一方面要把货币的材质和货币背后的制度、政策区分开来。货币用什么材料制作并不是货币发挥作用的关键所在，一种货币能不能战胜另外一种货币，不在于材质，而在于背后一整套的制度安排和货币政策。比如当年英镑和美元都是金本位的，也都是用纸印的，但美元战胜英镑成为了世界霸权货币，这与第二次世界大战

* 刘晓春，时任上海新金融研究院副院长，浙商银行原行长。

后世界经济、政治、军事等一系列的制度安排有关。实际上，一种货币发挥货币作用，我们看到的货币载体（金、银、铜、纸币、记账货币等）只是表象，真正起作用的是其背后的一整套制度和政策。制度安排，有些是有形的，比如法律；有些是建立在共识基础上的约定俗成。另一方面用加密技术做货币和用加密技术创新金融工具。加密技术本身不是数字货币，只是一种技术。只有在一定的制度安排下，一定的加密技术才能成为货币。在一定的制度安排下，加密技术也可以作为金融工具或支付工具，让这些金融工具发挥更大的作用。比如人们用纸制作了货币，制作了汇票，这些都是金融工具。在数字经济当中，除了数字货币以外，还需要其他金融工具，要思考数字加密技术能不能在这方面发挥更大的作用，而不是把数字加密技术的应用局限在数字货币方面。

第三，还要考虑到科技有无限的想象力，有无限的可能，同时又一定有它的局限性和应用边界。区块链也好，去中心化也好，任何科技本身都有它的局限性，在现实生活当中，哪些领域、哪些业务更适合应用这些技术，哪些业务实际上不需要分布式、去中心化功能，只有认清这个区别，才能将技术真正应用到极致。

数字货币还有一个局限性是它必须借助数字技术的基础设施建设才能够正常运行。也就是说在考虑发展数字技术的时候，还要考虑当发生意外情况时，能不能有最基础的应用保证基本经济行为的运行。银行的应急计划中就有当断电断水甚至断网络，机器和系统运转不起来的时候，可以用笔和纸质账本进行手工记账，保证业务的运行，保障社会经济活动的运行。在发展数字技术的时候，这些都需要考虑到。

在数字时代把握数字货币

陈道富*

对于数字货币，我的思考主要有三点。

其一，从货币演化的历史来看数字货币，我们会发现货币的形态跟一定阶段的技术形态是高度相关的，货币经历了实物货币、信用货币，发展到现在的数字货币。实物货币更多地跟农业技术相关，进入工业时代后，货币就转向了信用货币。我们现在对数字货币的很多理解和想象，不同于在工业时代对信用货币的想象，也就不能够把工业时代对信用货币的理解直接映射到数字货币上，把它束缚在工业时代对数字货币的理解上。我认为数字货币应该放在数字时代里面来进行思考。

其二，我国是最早发行央行数字货币的国家之一。在探索数字货币的过程中，我们发现它在三个方面发挥了重要作用。一是它对银行账户进行了一定程度的重构，使账户体系的设计能够更好地适应数字时代和现代经济的需要。二是货币的发行过程更加内生，即货币发行机制不再通过原来的双层结构（其实有四层）来驱动。最重要的是第三点，我们的央行数字货币从一开始就引入了数字时代里的一些技术。这是一个开启键，它开启了未来数字时代里面货币的一种迭代。

其三，我们要进入数字时代，与数字时代相关的金融科技、数字货币、加密资产等会有很多突破，也必然会对现有的货币和金融，包括监

* 陈道富，时任国务院发展研究中心金融研究所副所长。

管、宏观调控等带来冲击。只要转向数字时代，这种冲击我们就必须面对。

如何迎接数字时代的到来？我认为，首先我们需要对未来的数字时代保持充分开放的心态。未来的数字时代应该允许通过多种技术路线、多种模式来进行探索，要保持这个系统足够的开放，让它自身产生迭代。

其次，在数字货币冲击现有货币体系的过程中，处理好规则的制定者、裁判员和运动员三者之间的关系，让他们各负其责，各归其位。货币的职能、交易的职能和支付的职能，这三个职能背后有一部分是公共职能，有一部分是市场化的职能，需要各自来形成一种角色的扮演和制衡。

最后，数字时代、数字货币或者数字金融的发展，在某种程度上是一种映射，它把现实的金融通过数据的方法映射到数字空间，在映射的过程中，人跟人之间的关系没有发生变化，但是它的形态、它的运作机制在发生变化。所以相应的监管和宏观调控也应该出现相应的映射，这样才不会出现用工业时代思维、用现有货币金融工具和机制去管理未来时代的情况。我们需要做好相应的变革，让所有人对未来做好充分的迭代准备。

数字货币需更多政策引导

蔡维德*

在过去有一个思想，就是数字货币只是一个工程项目，不会改变经济体系。加之一些人在谈到数字货币时就想到比特币，因此持有负面观点。但最近这种观点改变了，数字货币以及其他相关的货币政策对国家经济、科技和基础设施是有正面影响的，这一思想在过去 6 个月得到多家机构的认同。

在数字货币政策上，2019 年 7 月英国央行行长曾发表一场重要的演讲，他提到数字货币会大大增加金融交易速度，而且改变金融交易系统的后台系统。这些改变可以促使本来困在系统内的资金被释放出来回归市场，大大促进经济发展，经济体系就会因此改变。这种观点得到国际货币基金组织的认同，在 2020 年 10 月国际货币基金组织发表了一篇重要报告，报告提出数字货币会给现在的市场带来前所未有的影响，这是在世界经济发展史上从来出现过的大改革。

数字货币可以促进经济发展的理论在 2021 年上半年得到世界多家央行的共识，包括美联储、英国央行等。英国央行在 2021 年 6 月公开认承认央行数字货币会彻底改变经济体系，伦敦大学学院对这种观点表示认同并且认为这是一百多年来英国最大一次的经济改革。这个改革并非一两年就能消化，可能需要 20 年或是更久才能彻底改革，因为这次

---

* 蔡维德，时任北京航空航天大学博士生导师，前清华大学长江学者讲座教授。

是体系上的改变。

在数字货币政策上，我们还需要下功夫研究，因为许多数字货币理论还在开发中，例如地下市场跟合规市场作业就完全相反。在地下市场可以使用的方式在合规市场却不能行，所以我们不能在合规数字货币中使用比特币技术。有关这点美国财政部就提出使用新科技来监管合规稳定币。按照美国财政部的设计，要关闭一个稳定币可能只需要一分钟。这样如果合规数字稳定币出现意外状况，在一分钟内就可以把相关的系统关闭，稳定金融市场。但是对于比特币，可能许多年也关不了，因为它的设计和合规市场的数字货币的设计正好相反。

在数字货币政策上，合规数字货币和不合规数字货币会不同，影响也不一样。我们需要用不同的眼光来看待合规市场货币和地下市场货币，使用不同的策略。

由于技术不断变革，我们对数字货币的观点也需要实时的改变。比特币之所以成功是因为它是一个非常好的地下市场货币，跨境交易不经过银行，监管单位也不清楚比特币的资金路线。但是最近一年，美国监管科技日新月异，比特币交易已经可以被追踪。并且美国的区块链技术也在突飞猛进。在这些方面，中国还需要努力。近年来国外关键科技都被禁止出口，这对中国可能反而是好事。中国应该完全放弃拿来主义，埋头苦干发展自己的硬科技。

对于数字货币的基础设施，2020 年美国财政部曾说，三年后美联储的支付网络会全盘被区块链取代。这到底会不会成为现实？现在还不清楚，但起码可以看到美国已经在发展一个新的支付网络，这可能是一个新趋势。

从支付变革的角度理解数字货币

邹传伟*

从货币定义本身看，货币有三个基本功能，记账单位、交易媒介和价值储藏。要实现这三个基本功能，前提是价值稳定。因此，将比特币归于数字货币不太合适。

那么，数字货币有哪些？目前看主要是两种：第一种是央行数字货币，包括数字人民币；第二种就是合规的稳定币。无论是央行数字货币还是合规的稳定币，它们都遵循一个基本原则——基于100%准备金发行。比如，央行数字货币基于商业银行在中央银行的（超额）存款准备金发行，而合规的稳定币基于托管在商业银行的储备资产发行。在这些情况下，其实并没有发生货币创造，货币总量是不变的，但是货币流通方式发生了变化。我倾向从支付变革的角度理解央行数字货币和合规稳定币。

以新技术实现新需求

很多人会问，支付变革体现在什么地方？刚才陈道富所长讲到了账户体系的变革。《中国数字人民币的研发进展白皮书》里面特别提到，数

* 邹传伟，时任万向区块链首席经济学家。

字人民币基于广义账户体系，与银行账户松耦合，同时兼具账户和价值的特征。这就是一个非常大的变革，实际上反映了在数字经济发展中，货币和支付领域面临一些新需求，而新需求又需要通过新技术来实现。

我们可以列举一下零售型央行数字货币应该满足的需求。第一，要更为开放，因为现在仍有很多人没有金融账户。比如，一个外国人在中国，即使没有中国的银行账户，凭手机号也能开数字货币钱包。这是金融普惠性的要求。第二，在目前注重隐私保护的大环境下，能提供一定程度的隐私保护，收集的信息要少于传统的电子支付，但是又希望有一定的可追溯性，不像现金那样匿名且不可追溯。第三，非常便捷，体现为交易即结算。第四，有助于改进跨境支付，特别是超越目前的代理银行模式。这是 G20 在研究的一个课题。综合这几方面要求，其他国家的零售型央行数字货币方案，在一定程度上会借鉴到数字人民币的做法。因此，数字人民币在设计方案上有很大的合理性和先进性。

不同国家在央行数字货币上采取了不一样的路径。中国是直接从零售型央行数字货币开始。有些国家和地区，比如日本、欧元区、加拿大、新加坡和中国香港地区，是从批发型央行数字货币开始。从 2016 年左右开始各国对批发型央行数字货币做了多阶段测试，测试了不同的技术方案，得到的结论基本相同，包括：批发型央行数字货币使用联盟链技术，能支持全额实时结算，在一定条件下能改进证券交易后处理，支持跨境同步交收。中国尽管没有开展批发型央行数字货币测试，但完全可以借鉴他国的发现。而且，随着批发型央行数字货币测试基本完成，零售型央行数字货币更受关注，比如日本央行和欧洲央行今年都启动了相关工作。应该说，中国在这方面有一定先行优势。

数字货币与加密资产、去中心化金融

加密资产和数字货币的区别。按照巴塞尔委员会的定义，除了央行数字货币以外，其他凡是有区块链色彩或者借鉴区块链特点的资产，也就是基于广义账户体系或 Token 体系的，都叫做加密资产。怎么定义加密资产？关键要理解加密资产与数字资产之间的微妙关系。加密资产属于数字资产，但并不是所有数字资产都属于加密资产。比如，银行存款、股票、基金都已经数字化了，但是它们依托于传统的账户体系，比如银行账户、中央证券存管机构账户或托管机构账户，它们属于数字资产但是不属于加密资产。这说明，巴塞尔委员会已经认为在新的技术条件下，资产确实有一种新的存在方式，在交易、清算和结算机制上不同于传统资产，能满足一些投资者的特殊需求。问题就在于怎么管理它。比如，巴塞尔委员会对银行对所谓 2 类加密资产（比如比特币）的风险敞口的监管要求非常严格。如果银行持有 2 类加密资产，要计提资本，以能完全吸收这类加密资产价格归零造成的损失；在流动性监管指标中，要假设这类加密资产没有任何流动性。

关于 DeFi（去中心化金融）的问题。DeFi 面临很多争议，投机色彩也很明显，主要是智能合约发币，而且这些币或虚拟资产或多或少都有证券属性。在 ICO 时期，是基金会发币，基金会成员都有名有姓。美国通过严格实施证券监管，特别是针对这些有证券属性的虚拟资产的发行和交易活动，基本让 ICO 销声匿迹。但 DeFi 合约发币，很多时候是去中心化的、匿名的，这样就给证券监管带来了很大挑战，目前美国证监会还没明确应该怎么管。另一方面，DeFi 作为可编程金融应用，其中的一些新的经济机制设计，对理解央行数字货币的可编程应用，有一定参考价值。比如，刚才提到的自动做市商 Uniswap，它的交易机制就与主流交易所撮合买单卖单的机制很不一样，给理解价格形成、流动性供给等基本概念带了新的启发。

数字货币助力双循环格局构建

Andrew PAL*

在全球经济复苏过程中，目前的趋势是，一些发达国家推出了刺激性措施，包括增发货币，一些发展中国家关注的是稳定币，还有一些国家在关注比特币。对于发展中国家，比如中国，数字人民币面临很大的发展机会。

谈到中国的双循环策略，我相信大多数专家都非常了解现在的情况，很多国家央行数字货币采用了零售型，但也有批发型的。我也发现很多央行的重心还是通胀问题，至少在美国和澳大利亚，通胀已经成了一个既有问题，也影响到了就业。说到数字货币，有很多商业银行，尤其是零售型，效率较高，比如澳大利亚就觉得现在不需要发行数字货币。关于现存的这些情况，主要还是中央银行发挥巨大的作用，澳大利亚也推出了一些刺激政策促进就业率，解决通胀的问题。

新加坡现在也在推进数字货币，进行数字化支付、数字化资产，这也属于零售型的数字货币。但它同时也关注机构，比如新加坡和加拿大在开展跨境支付体系的建立。目前新加坡的监管机构对零售型数字货币的关注点主要是它们在支付中的使用，以及对支付的追溯和基础设施的影响，建造低成本、高效率的基础设施，的确是一个需要加强监管的方面。

---

* Andrew PAL，时任直布罗陀证券交易所亚洲区 CEO、STACS 常务董事。

对发展中国家，比如中国来说，推行数字人民币是一个非常有趣的事情。“一带一路”倡议以及非洲数字支付体系的建立主要是通过移动设备来进行，还有区块链这些技术，其实是非常好的由外循环驱动人民币交易和融资的机遇。中国在非洲其实有很大机会，在非洲不仅是建造铁路，而且要建造很多工业园、教育设施和廉价住房，以及数字化的基础设施等，很多这样的项目是以美元为基础的，甚至是诸如比特币之类没有接受监管的加密货币。但我们仍然可以把双循环尤其是外循环这一部分结合起来，主要关注国际化，将数字人民币推向国际舞台，我觉得在这方面有非常多的发展空间。

在南亚我们也看到了巨大的机遇，尤其是“一带一路”驱动的机遇。通过这些融资的项目，我们可以看到以数字人民币为基础的融资机遇，通过数字债券、数字股权对“一带一路”项目进行融资。非洲、南亚、中亚都有这样的机遇。

数字货币发展是很令人兴奋的一个点，也是双循环战略可以发挥作用的一个点。

对 话

袁满[*]：李行长，现在大家看到的是数字货币技术或区块链技术迅猛发展，但是我注意您谈到，去中心化的虚拟货币未来如果大规模应用发展，取决于三个要素，其中之一是公有区块链底层技术创新应用的瓶颈能不能突破。能否解释一下目前面临什么样的瓶颈?

李礼辉：第一代虚拟货币比特币就是基于第一代公有区块链的技术平台，采用的是比较小的区块链规模。比特币一个很大的问题就是交易的速度不太快，而且在交易平台上经常堵车，完成一笔交易可能需要几秒甚至几分钟的时间。而现在的一些虚拟货币所依托的平台，比如以太坊，正在对自己的平台进行升级，这个升级到底会在多大程度上达到规模化可靠应用的水平，还需要观察。

虚拟货币在一个小范围内应用是没问题的，但是要进入大众化支付和清算的场景，就要保证规模化可靠的需求。尽管现在很多区块链创业者、技术专家正在这方面努力创新，而且也取得了一些良好进展，但要真正地让虚拟货币进入大众化的场景，规模化可靠应用这个技术前提是必须达到的。

袁满：主权的数字货币和非主权的民间货币，将来会是一种什么样的发展格局?现在可能有一点监管放松的趋势，但实际上监管的声音也是很复杂的，也是各有各的说法。刘行长您能谈谈吗?

刘晓春：现在概念很多，有些可能是现实的映射，但是由于数字经济有更广泛的领域，可能简单映射不一定有用，有很多发展是出乎意料的。我是做实务出身，更愿意从实务的角度回答。

比如说去中心化的问题、不被监管的问题。刚才李行长也讲到地下

* 袁满，时任《财经》杂志副主编。

经济有 20 万亿美元的规模，可能还不止。我想讲的第一点是，自从有政府以后，地下经济在人类几千年的历史中一直存在。对于地下经济，无非是用政策怎么来对待它的问题，是一个你来我往的过程，但是地下经济永远消灭不了。当然永远消灭不了，也不等于可以把它完全合法化，这是第一个概念。因为存在，所以合理；因为合理，所以合法；因为合法，所以可以不被监管；要不被监管，就要去中心化；区块链等技术有去中心化和不被监管的功能，所以是好技术。这是一连串的偷换概念。一件事情之所以被确认为合法，就是被监管的结果。

第二，为地下经济服务的金融手段往往效率很高，有的时候是创新。比如你有笔钱想通过地下钱庄转出去，可能比银行更快，但是它用的技术绝对是最土的，就是打一个电话而已。所以要达到目的，有时关键不在于技术本身，而在于背后的制度安排。地下钱庄有它自己的一套制度安排，它有这么高的效率是因为它不需要通过监管，而银行要受监管所以才让人感觉效率低。

第三，地下经济一旦合法化就没有暴利了，地下经济只有在地下才会有暴利。

第四，为什么好多人都希望通过科技来解决跨境支付慢和难的问题？还是从实务角度讲。首先，历史上失败的货币体系绝不是因为支付环节有问题才失败，而是因为它背后维护信用的体制出了问题，整个货币体系才倒掉了。

其次，目前大家认为的支付环节太多，不是支付本身环节多，是因为交易本身有自己的特点。比如股票交易没有办法做到一手交钱一手交货，必须要把股票的权益从这个人转到那个人，后者才能付钱给前者。这个过程中钱要流经很多环节，不是支付者一个动作的问题，而是要经过这些环节把股票的权益转过去。做按揭贷款为什么那么麻烦？因为先要去进行房屋产权登记。如果没有进行登记，不能抵押给银行，银行就没办法付钱给你。国际贸易、大宗商品交易、期货交易、债券交易、外汇买卖，都是因为不同商品交换的特点带来了差异化的结算特点。我们讲智能合约，如果分布式的技术能够解决一手交钱一手交货的问题，那边的所有权转移到这边，钱也就付完了，这种情况下可能就不需要银行了。所以解决跨境支付问题的核心是，这是一整套的制度安排，既要法律承认，也要技术支撑，钱货交易才能真正通畅。否则在货不保证转移的前提下，支付得越快，你反而越害怕。

再次，由于各国都有自己的货币制度、货币政策、外贸政策和税收政策，这些都会影响银行支付的环节，这些问题不是技术层面能解决的，而是需要全世界各国统一政策、统一规制。

从应用角度说，技术都是中性的，如何应用就看如何理解业务本身。比如加密资产到底是被投资的、被炒作的资产，还是为整个经济流通服务的金融工具？这实际上是完全不同的两个概念。人们的关注点往往都集中于炒作层面。

数字货币，从企业财务的角度看就是资金的一种，既然是资金就要产生效益，是一个财务管理的工具，而不仅仅是支付的工具。这些钱是集中管理更有效更安全，还是分散管理更好？对财务而言一定是集中管理好。再者，钱一定是放在银行账户里才能产生效益，放在自己的钱包里是不会有利息的。货币的作用不能仅仅从支付一个角度看。这些在数字货币的应用中都要加以考虑。

袁满：谢谢刘行长讲了数字货币实际的应用价值。谈到对于加密资产的实际应用价值以及炒作的质疑，Andrew 你能不能谈一谈？因为现在业界对于加密货币或者加密资产的投资炒作有很大的质疑，认为它炒作的意义大于了它实用的价值，您能不能为我们大家谈谈您的看法。

Andrew PAL：很多人在谈论一些未经监管的加密资产，像巴塞尔也谈到了 DeFi。但同时我们也看到有受监管的交易所的出现，比如说我们在马来西亚的交易所就会成为一个受监管的交易所，会处理数字债券、数字股票等，还有一些加密货币。监管慢慢地开始接受一些加密货币，像以太坊，还有比特币等，我觉得这样的行为也会越来越多地出现在整个监管平台上。我们会越来越多的看到这种监管的平台出现，新加坡排名前三的一家银行就成为了最大的一个受监管的此类平台，他们很快会推出数字化证券。我想谈一谈数字货币。现在我们还在讨论这些货币是不是可以被代币化，不管是央行的数字货币还是说这些稳定币，比如 USDT 或者 USDC，还是说有没有可能会有这种公司币，大家会听到像脸书，它有 DM 这样的币种，它们把运营放在瑞士，希望能够推出 libra。现在仍然有很多讨论是聚焦数字货币，不管是商业银行还是央行的货币，是加密的还是公司币，还是要有一个以账户为基础的体系。在中国，有了微信支付和支付宝的实践，这样的讨论还是要继续，即到底是基于账户的项目还是要基于数字账本的体系。我想在过去加密一般都是不受监管的交易，数字目前更为受监管。监管方也正在慢慢地接受加密货币。这是目前新加坡看到的情况，不知道有没有回答您的问题。

袁满：蔡先生，主权的数字货币和非主权的加密资产，未来会是什么样的一种关系或者发展趋势？

蔡维德：主权数字货币必定会和非主权加密资产竞争。不论是国际货币基金组织还是美联储，都公开讨论之间的竞争关系。其中的竞争过程高潮迭起，加密货币多次打击主权货币，而主权货币也出手打击加密货币，甚至一些国家还接受加密货币为合法货币。

但是我们认为，这种竞争关系归根结底还是主权货币的竞争，就是非主权加密资产会慢慢退出市场，或是被主权货币“收编”。例如合规数字货币都会是央行数字货币（CBDC），或是基于法币的合规数字稳定币。传统上的加密资产由于如果没有主权国家支持，会慢慢退出市场，例如比特币就被一些国家接受成为他们国家的合法货币。这些国家自己的法币无法和美元竞争，于是提出比特币成为他们的合法货币，用比特币同美元竞争。

合规数字稳定币会是央行数字货币的前生。例如美联储最近的做法是，让银行或是其他机构发行合规数字美元为央行数字货币的“探路”，合规数字稳定币会是美联储数字美元的前身。因此合规数字稳定币只是央行数字货币的“先行先试”。

但对于那种长期性的、不合规的、有欺诈行为的稳定币，应该趁早关掉。2021 年美国分析师发现，一个臭名远扬的稳定币 USDT，洗钱的金额竟高达 600 多亿美元。该发现一经报道顿时引起美国财政部的高度关注，并就此在美国白宫召开了紧急会议，讨论如何监管。然而，问题是 USDT 洗钱事件早在几年前就已经有过报道，却一直没有等到美国监管单位的出手。尽管这次美国多家监管单位在财政部领导下召开了紧急会议，奈何 USDT 的体量太大，美国监管单位这次还是无法下定决心把 USDT 关掉。

如果出台合规的稳定币，让市场向合规稳定币靠拢，这样不合规的稳定币就会慢慢地在市场上被排挤，这是用疏导的办法来解决地下市场的“货币”问题。让合规稳定币先行先试，厘清这个“战场”，引导市场走上合规化。数字货币应该有一个战略思想、一个整盘规划，不能今天开一个会议就决定关闭谁、处罚谁。我们的每一个决策都可能会产生不想要的结果，所以需要有全盘的观察以及策划。

袁满：邹先生，您列举了外籍人士在中国没有银行账户、可以直接持有数字人民币的例子。这个现状背后是不是涉及资本账户开放的问题？新的技术能够替代现有的金融监管政策吗？我们能够建立一种新的支付结算、跨境的体系，同时符合跨境监管需求吗？

邹传伟：将来，在中国旅居的外国人可以在没有中国银行账户的情况下，通过手机号开通一个最低权限的数字人民币钱包，从而使用中国的移动支付服务。如果数字货币钱包中的钱没有用完，离开中国之后能否用，目前还没有明确说法。以我的个人试验经历来说，人在美国，通过数字人民币在京东上买东西，和人在上海的体验是完全一样的。因此，数字人民币确实具备跨境使用条件。关于央行数字货币跨境支付的问题，我想说两点：

第一，制度改革肯定是第一位的，不可能用一个新技术去替代制度改革上应该做的事情。人民币国际化最终还是取决于资本项目可兑换，数字人民币会有帮助，但不是主导力量。

第二，理论上，可以用零售型央行数字货币做跨境支付，但是它有瓶颈，因为它的场景主要包括跨境电子商务、外国人在本国、本国人去海外，可能发生在个人和个人之间、个人和企业之间，但是因为零售型央行数字货币一般要比照大额现金交易进行管理，企业和企业之间的大额支付、跨境投融资活动、外汇市场的交易，不太会以零售型央行数字货币为主。如果货币本身不可兑换，零售型央行数字货币受到的限制更明显。

在跨境支付中，我比较看好批发型央行数字货币，它有助于改进代理银行模式，但需要解决不同国家的批发型央行数字货币之间互联互通问题。目前国际上比较受关注的方案叫多边央行数字货币桥，在国际清算银行的支持下，人民银行、泰国央行和阿联酋央行在参与测试。我认为，批发型央行数字货币再配合多边央行数字货币桥，也许在跨境支付方面是更有效的工具，目前正在讨论中。

袁满：现在有一种声音，把主权数字货币的发展提高到了“新货币战争”的高度，认为这关乎新一轮货币体系的重新构造。陈所长您赞同这种观点吗?

陈道富：我不太喜欢用“战争”这个词看待经济金融现象，我更愿意说这是一个新时代的展开，在向数字经济时代转型的过程中，大家都在各自的价值体系、愿景、场景中探索，产生多种多样的创新。这个过程中可能会形成新的中心，每个人都希望完全去中心化，其实去中心化就是去掉原来的中心和权威，在新的运作过程中形成新的中心、新的信任。在对未来的了解极其有限的情况下，每个人努力使自己成为未来中心的过程，把它看成战争也可以，但我觉得这个过程更重要的不是去担心别人，而是自身足够开放，有足够很好的机制，能够更好地适应未来，使自己真正能成为未来时代的中心。

货币在本质上是一个共识、是一个信任，共识和信任与技术之间有关系，但并不是一个等价的关系，共识和信任依靠政策形成人与人之间的社会关系，社会关系则通过各种各样的技术路线实现。在抽象意义上，在共识和信任层面上的货币，与我们实现支付、交易层面上的货币，需要区别开来。

袁满：刘行长，这个问题请您谈一谈。

刘晓春：我直率地说，货币战争和数字货币毫无关联。举个例子，1997 年亚洲金融危机是从泰国开始的，当时泰币是完全自由流通的，泰国的企业借了许多美元债，泰国经济体量很小，当庞大的国际资本利用制度漏洞和市场规则阻击泰铢，泰国央行很快就维持不了泰铢与美元的固定汇率体制了。从货币材料看，泰铢和美元都是用纸印刷的，当时索罗斯们都是通过银行账户调拨和买卖美元与泰铢，泰国央行也是通过银行账户调拨美元收回泰铢以抗击索罗斯们的攻击。所以这和货币本身怎么制作、怎么发行没有关系。后来危机影响到中国香港，当时货币市场和股票市场都受到攻击，这是一整套战术，可以说是金融制度的战争，而并不是港币和美元之间的战争。

人民币能不能国际化不在于它是纸币还是数字货币，而在于拿到了人民币可以去做什么。中国是世界第二大经济体，人民币也很稳定，但一个外国人拿到人民币后，至少暂时他可选的用途很少。而假如一个外国人拿到的是美元，他随时可以兑换欧元，兑换人民币，或者购买其他商品。作为一个货币，人民币缺乏了这种流动性的能力，国际化就会有困难。所以我们要不断地创造条件（包括技术条件），拓宽人民币可应用、可投资的路径和渠道。这是一个长期的过程。

袁满：现在各国都在做主权数字货币，有些技术也不太对外披露，有一点各自为战的感觉。但是货币终究要形成一个全球的流通、运用、兑付、支付、结算。既然现在迭代的时代已经开启了，有没有什么方法可以在全球的层面上交流沟通？我们能够做些什么？

蔡维德：开放、支持、鼓励学术界以及产业界从事合规数字货币科技，以及国际交流。

美国就是这样做的。例如美联储说自己不是科研机构，而是制定国家货币政策，因此和麻省理工学院合作从事央行数字货币研究。美国其他监管机构也表示有同样看法，表示自己的责任是监管金融市场，不是发展金融科技，因此和监管科技公司合作从事科研。

国际交流至关重要，因为数字货币必须和其他数字货币或是法币交互，因此必须和国际交流，指导交互的协议。但是必须坚持有自己的科技，而不是一味地使用国外科技。由于国外关键科技封闭是必定的，使用国外开源软件只会遇到困难，如果没有自己的关键科技，数字系统将不能独立运行。

袁满：刚才我们讲未来还是主权数字货币要胜出，您刚才谈到地下的、非合规市场的发展，合规与否在于各国间能不能达成共识，我觉得这是一个很奇妙的循环逻辑了。邹先生您怎么看？

邹传伟：习近平主席在 G20 峰会上提出，要研究全球法定数字货币的协同。就目前来看，央行数字货币设计的灵活度是非常大的，一方面在货币经济学的方案上，是批发还是零售，是央行直接负债还是间接负债，是付息还是不付息，是走传统账户模式还是区块链的广义账户模式，这些都是可选的。随着研究的深入，会有一些通行的标准。最重要的标准就是不要作恶，因为央行数字货币非常开放，确实有助于境外的人去持有，但是对方国家也有自己的货币主权，一方面要服务外国人在境内的金融需求，另外一方面又不能干预他国的货币主权和货币政策，如何做好这个平衡？我认为可能会形成某种协议，比如境外人开设的账户权限会低一些，或者通过智能合约的要求，只能在本国境内进行使用，等等。

袁满：刘行长您有补充吗？

刘晓春：我相信大的经济体之间为了今后贸易更加顺畅，是愿意进行合作的。但这个合作依然建立在维护各自国家主权的基础上。在跨境结算、数字货币等领域，符合国家利益的时候，比如有助于政府监管、有助于政府收税、有助于保证国家经济安全的，一定可以谈。但是我认为数字货币一定不会放弃国家主权，搞成超主权货币，至少现在不可能。说白了，所谓数字货币，只是某种货币的表现形态，技术本身不是货币。就像我们的数字人民币，只是人民币的一种表现形态，不是人民币之外的另一种货币。

袁满：谢谢刘行长。在场听众有没有问题？

听众：您说不赞成“战争”这个词，那为什么美国、英国，甚至包括新加坡、瑞士，他们都来争抢这块领域？

陈道富：首先说一下我对“战争”的理解，我想区分一下战争和竞争，战争是你死我活的敌对问题，参与方是一次性的零和博弈，在战争的思维里可以无所不用其极，这是战争。但是一旦谈到货币、谈到经济，这是一个经济社会系统，经济社会系统的基本假设是这个蛋糕可以共同做大，我们在寻找一个机制，使大家能够从中共同获利。虽然这个过程中参与各方是有一定竞争的，也有一定的利益分割，是要发挥自己的聪明才智，尽可能地获取最大利益，但是这个利益是在保证彼此之间能够有一定整体性的结果下产生的。所以当谈到货币体系和经济问题，我更愿意看到的是基于竞争的一个合作系统，而不是从战争这个视角来看。

其次，抽象地说，货币就是共识＋信任。一旦形成共识，这个共识是能够产生巨大利益，且很难被破坏掉的；而为了获取社会共识，刚开始的时候是可以用一些超出经济系统外的工具来实现的。比如之前讨论到如何来实现数字货币的国际化，其本质就是建立数字货币的信任和共识，你可以用战争的、带有恐惧的办法来获得这种信任和共识，也可以用共同利益的、良好秩序的方法来获得这种共识。

袁满：数字货币真的是一个脑洞大开的话题，非常复杂，而且夹带着很多的术语。这个话题的讨论还会继续延续下去。在《财经》主办的论坛上，有关数字货币、金融科技的话题一直非常热门，期待下一次跟各位嘉宾再聚、再讨论。谢谢大家！

第九章

券商财富管理转型助力居民财富增值

随着财富管理转型的理念深入券商，“以客户为中心”正从口号落实到行动上。在大资管时代与各大机构的财富管理能力竞争中，券商如何利用自己的渠道和客户优势，聚焦满足居民日益增长的财富管理需求，丰富投资产品，为投资者提供更个性化的专业服务，在提高客户服务体验的同时帮助居民实现财富的保值增值，同时突破券商传统的佣金依赖模式，开辟新的业务盈利途径，是券商在财富管理竞争中取胜的关键，也是证券行业实现高质量发展的重要路径。

转变资产配置逻辑，寻找新时代的阿尔法

王忠民*

时代是一个大命题，时代的宽度、长度，特别是从财富的增产角度来看，是一个宏大的命题。而阿尔法则聚焦资产配置的收益从何而来，聚焦如何通过资产配置，特别是大类资产配置，以及在大类资产配置过程中积极有效地通过投资过程和对资产的通透把握，获得最佳收益。事实上，我们正面临着资产配置和积极投资过程中阿尔法的历史巨变，我们需要寻找新的阿尔法，而不是在原有的阿尔法当中徘徊。

资产配置逻辑的四大新场景

首先来看几个场景的变化。

第一个场景，疫情之前全球包括中国均发行了很多货币。货币表现在居民端，也表现在公司端，一方面居民的收入水平会提高，但同时也会出现通货膨胀。也就是说，一部分人可以通过不同资产的转移实现高收入，而另一部分人，如果手里的钱只停留在货币状态，或者即使不停留在货币状态，只是将其转移到同类货币工具，而不是流动到资产市场特别是权益市场中，那么这部分人手中的钱也将被通缩，也就是资产

---

* 王忠民，全国社会保障基金理事会原副理事长。

贬值。

但如果在通货膨胀情况下，人们能够把现金流通过不同的理财机构、理财渠道转移到最有效的权益资产上，那么权益资产最终将可能获得几倍、十几倍或更高的回报。也就是说，在通胀刺激下，人们可以通过将现金资产转移到更有效的资产上，来获得这个时代的阿尔法回报。

举个例子，当中国股票单年平均上涨37%的时候，如果有人能达到这个平均收益，这一年就已经可以高枕无忧了。但如果这个时候，有人买入了某家房地产公司的债券，那么不仅资产价格可能跌一半，甚至还可能拿不回本金，最终被以卖不出去的房子抵账。同时，如果人们能通过理财市场将资金延展到不同资产，那么跟延展渠道相比，将会带来更大回报。

第二个场景，过去三十年，以住房为主体资产的居民收入流动，流动了全社会居民收入的70%。在这样一个普涨逻辑当中，可以说只要投进去就能够赚钱，而且是以年度倍速级赚钱。而在如今房住不炒的新场景下，这个逻辑已经不复存在。

过去，金融机构、信托公司是通过链接到房地产，链接到工业化过程当中的城市化，链接到大宗商品、资源、能源，以信托形式给投资者提供一个高回报率。当时，如果有人抓住了这两个主题资产，一个是不动产当中的住房，一个是围绕住房和城市化过程的高收益的固收工具，那么就可以拿到倍速级或年化百分之十几的回报。但是，这两年，这个场景不仅不复存在，而且风险回归渐趋明显。一方面，因为信贷领域不动产抵押利率突然上涨，推高了投资风险，连聚焦这两大主题资产的龙头公司都岌岌可危，更不用说普通居民。另一方面，原来可以进入这个市场的金融渠道和金融工具比较丰富，而今天已大幅减少。

总结来看，在过去，以不动产、居民住宅和住宅当中的固收杠杆率为主体的投资收益场景是产生阿尔法的主体资产，但这两点如今已成为过去。

第三个场景，过去公司都是重资产，比如港口、铁路、基础设施，而在 2021 年，在国家宏观政策领域，除新基建之外的基础设施都已下马，已停止拨款、停止建设，因为基础设施的边际投资收益率正在大幅降低。

过去基础设施建设存在大量的杠杆和信贷。基础设施投资占资本金的 20%，而成本支出的杠杆率可达 5 倍。换句话说，当时重资产投资有较低的资本金和较高的杠杆率，全社会的杠杆都乐意围绕它。而且，在建设高速公路、高铁等重型基础设施时，不仅能给居民带来收入回报，还能给吃住行等所有产业领域提供基础设施，同时还给产业提供了物流、交通等各方面便利。但如今，重资产投资领域都在去杠杆，这个领域中的信贷逻辑已经发生了根本改变。

再来看这一投资领域中的轻资产，特别是数字化公司、ESG 公司。我们可以看到，即使市场每一次下调，这些公司也会下调，但下调之后恢复最猛的、屡创新高的，还是这些公司的股票。这些轻资产公司已经远离了杠杆的信贷设置，可以在一级市场，也就是在天使投资人、VC 投资人等直接的股权市场成长和发展，最后走向 PE、走向 IPO。IPO 之后也是通过再融资发展，从直接权益市场当中获得资本供给。

如果券商给客户提供的是这类资产管理，就相当于把客户的资产带入到了这个权益市场中，客户不仅不用承担过去重资产在去杠杆过程之中的重大风险，而且还可能获得庞大回报。如果市场选择面很宽，不仅是在创业板市场，还可以在全国的多层级的其他市场，甚至到境外的美国市场、新加坡市场等进行投资，那选择范围将更广。也就是说，基于重资产、高杠杆、间接融资的时代正在渐行渐远，而基于权益投资、全流程、全市场投资的时代正向我们飞速而来。

第四个场景，金融去杠杆主要去的是信贷。去杠杆以后，所有金融机构，比如银行的存贷率会不断收缩，但银行自身的资本金杠杆率决定了它能够有多少资本基础。大家都知道，最新一次央行降准释放出了一万亿，银行这时候最关注的是如何自主生存。过去，居民主要通过投融资服务选择优质的基金、私募等，而现在还可以通过影子银行转化为理财。比如，光大的银行理财子公司就注册在这个阶段。我们发现，银行的服务方式、服务对象、服务产品和服务资金流，一定要从间接融资转向直接融资，一定是从杠杆端口向权益端口不断变化。银行需要做所有权益资产的托管方，需要在自己的业务领域有新的业务，需要在成长较快的业务当中有所发展。而基金、券商、投资人等，都是新阿尔法的权益端口，银行的成长无非是服务这些领域。

新时代的阿尔法：权益投资和券商服务

以上四大场景，是从券商服务角度的思考。那是不是意味着新的阿尔法都在权益端口，权益端口投得越早收益倍速就越高？不见得。虽然私募股权基金领域当中也有很多人赚钱了，但这个逻辑放到每个人的个人资产角度来说是不一定成立的。

假设一家基金公司，专门做早期黑马投资，过往业绩成功率是50%，该如何抓取时代阿尔法呢？应该是广覆盖投资，同时，盈利的时候不止盈，失败的时候要止损，即失败15%到20%的时候全部卖掉。如果坚持这样的投资逻辑，只要有50%的资产得到十倍、五十倍、一百倍甚至一千倍级的回报，同时失败部分跌破20%就全部清盘，那么你就能成为一个成功的时代阿尔法的获得者。

能承销多少权益产品，也是一家信贷机构最关注的。谁能够拥有比原有金融工具和金融市场更低的成本，同时还能把好处给到投资者自身，谁就是这个时代的阿尔法；谁拥有能帮助客户获得阿尔法的产品、工具、渠道和方法，客户就愿意跟着谁，愿意使用谁提供的服务。

另外，还要关注公募基金的市场回撤。要选择市场回撤比小的基金，即市场上涨时它能达到平均上涨回报，如果市场回撤下调时它也比较平稳。相比把钱放在房地产、固定收益或其他领域，选择回撤比小的基金，不仅能够带来更好的回报，还能把回撤风险降到最低。

今天，全球权益市场巨量增长，美国市场的数字化公司股票没有最高只有更高，而工业和其他的公司，包括传统金融机构的股票，则没有最跌只有更跌，分化严重。排名前十、前二十的公司，贡献了全部市场上涨份额的 60%，而其他公司则贡献了 70%的市场下跌份额。中国市场亦如此。原来没有听过的公司或者前几年还很便宜的公司，如今市值突然超过原来的巨无霸公司。

五年前全市场的银行理财都在去杠杆，就是原本银行可以把储户的钱投到理财市场或私募股权，现在这些钱全都要退回到银行。当时，招商银行找到了社保基金进行协商，因为招行原来用银行储户的钱通过私募投了好多公司，而现在按政策要求必须要退出，于是问社保基金要不要考虑接盘。招商银行当时拿来的资产包就包括了宁德时代、字节跳动等。当时宁德时代有八百亿，今天已经涨到一万三千亿。这就是时代的红利，时代的阿尔法，在八百亿美元时就已经觉得很贵的公司，因为 2021 年特斯拉用了它的电池，又上涨了两三千亿。

以上这些例子说明，我们过去基于住房、基础设施、固收等信贷逻辑的时代阿尔法正渐行渐远，而基于权益投资（包括一级市场、二级市场、风险投资、天使投资，包括二级市场当中的基金投资）与券商服务的投资，更能分享到当下主题资产的阿尔法，或者说主题资产的红利和收益。

那么，券商究竟应该给人们提供什么样的服务呢？实行注册制之后，券商的服务已经不仅仅是承销一个公司并帮助它 IPO，最主要的是能够在市场当中找到最好的股权管理过程之中的差异投票权。因为同股不同权的结构才是一个股权发展的有效结构。也就是说，帮公司做平资产负债表已不再是券商服务的主体内容，无论是法务还是财务服务主体，现在都致力于找到最优股权结构，即让合伙人、创始人，以及最有能力、最有战略定力和最有持久技术创新、商业创新的人的股权资本占少数，同时引入大量社会资本。这样，决策推动力、市场推动力和市场拓展力均不受影响，这一种股权结构叫做差异投票权股权结构。新的阿尔法需要新的券商、新的服务、新的基金、新的投资，当我们大众面临这样的新服务、新品种、新机构时，只有将大类资产配置到新时代的阿尔法资产上，才能真正地和时代的阿尔法站在一起分享红利。

券商财富管理的优势与目标

冯恩新*

改革开放以来我国经济社会快速发展，居民财富进入快速积累阶段。中国在全球二十大财富市场中增速最快，财富市场规模仅次于美国，全球排名第二。但是，中国居民财富配置结构不够合理，实物资产占比高于金融资产，且实物资产主要是住房。放眼未来，我国已进入双循环发展新格局阶段，金融供给侧改革深化，居民财富保值增值需求增强，财富管理市场将面临新格局、新变化、新趋势。今天我们站在国内居民财富配置的拐点，可以预见未来以房产为主的实物资产占比将下降，金融产品配置趋于多元化，权益类资产配置也将不断增加。

在财富管理方面，券商有四大优势。

第一，券商是资本市场的重要参与者，起到资本中介的关键作用。当前全球货币超发，在房住不炒的经济背景下，资本市场将成为重要的投资渠道。而证券公司作为资本市场的主要中介，为企业和投资者之间的投融资等活动提供了重要渠道。券商涵盖了发行与保荐、研究、承销、资产管理、金融衍生品以及证券经济、投资咨询等重要功能。同时，券商与市场的专业机构，如公募机构、私募机构等，均有着密切的联系和沟通，在代理销售、融资交易、研究支持、托管清算和系统搭建等方面都有密切合作。因此，要做资本市场的财富管理，券商是最为关

---

* 冯恩新，时任中信证券（山东）有限责任公司董事长兼总经理。

键和最为直接的环节，这是证券公司财富管理的一个天然优势。

第二，得益于全产业链布局，券商有出色的产品设计能力，能够匹配客户差异化风险收益的偏好。以中信证券为例，一方面我们的产品涵盖现金管理、固定收益、权益基金、证券产品、大宗商品、贵金属、另类投资和海外投资等众多领域，能以多层次的产品梯队匹配客户的差异化风险收益偏好。另一方面，不同于传统财富管理产品的代销和投顾，中信证券依托公司资管、衍生品、自有业务等优势创设众多金融产品，可实现深度的协同，形成了自有产品与经纪业务、投行、资管等业务线的广泛交叉销售。

第三，券商兼具宏观经济与微观市场的敏感性。对投资而言，能否了解宏观经济及产业发展趋势，甚至微观到一家上市公司的经营发展，需要大量及时的数据支持，以及对动态数据的分析判断能力。在这些方面，无论是对国家宏观政策还是产业、行业，乃至一家公司的研究，证券公司都具备深度和广度兼具的研究体系，对经济发展的变化具备极高的敏感性，这是做财富管理的必要条件。

第四，券商在财富管理方面有综合性的人才优势。仍以中信证券为例，它既有国内顶尖的 IPO 团队，债券的发行与承销、资管、研究、衍生品、投资等专业的团队，也有遍布全国的分支机构。它有近万名财富管理体系的员工，有 4700 多人的投顾大军服务一千多万个人客户以及四万多机构客户。一方面，他们对各个行业的龙头公司有密切的关注和了解；另一方面，他们对财富管理的客户需求也有深入理解。与此同时，涵盖全球的产品为投资者提供了多样化的投资渠道，条线专业人才体系为投资者搭建分层次的财富管理架构，扎实的大类资产配置研究，既能够满足客户境内资产保值增值的需求，又能够满足客户海外大类资产配置的需求，为不同需求投资者做好差异化的财富管理提供全方位支持。

券商如何助力居民财富增值？我认为，财富管理要始终围绕一个人的生命周期，以个人的生存发展目标为核心，涉及投资、传承、保险、税务、养老、教育和慈善等综合服务。要围绕青年一代希望加快财富增值、中年一代希望财富保值、老年一代希望财富有序传承的多样化需求。对券商而言，财富管理的核心就是资产配置。也就是说，我们要为投资者解决鸡蛋不放在同一个篮子里面、鸡蛋应该放在几个篮子里、每个篮子应该放几个鸡蛋、篮子之间有什么样的关联关系等一系列问题。我们需要通过把适当的产品匹配给适当的投资者，来降低投资风险，使其最终达到财富保值增值和传承的目标。

券商做财富管理，并不是要给投资者多大的利益诱惑，甚至暴富承诺，而是希望能够在当前复杂的经济环境下，通过一系列的财富规划和安排，一是实现财富保值增值，二是战胜通货膨胀，三是跑赢社会平均财富增长，进而享受国家、产业、行业或上市公司发展的红利。换句话说，通过资本市场的作用，既能为投资融资渠道提供弹药，又能够享受到国家和企业发展带来的红利，达到共同富裕目标，这才是我们做券商财富管理的真正目的。

未来十年投资机会更好

刘文动*

我1997年踏入这个市场，这24年里见过六到七轮市场起伏。当然，这也是A股市场最大的特点，波动性大，泡沫和崩溃不断循环。事实上，纯从指数来看，指数的涨幅这么多年并不高，但在这样的一个起伏和波动当中，如果操作比较好的话，长期回报率还是非常可观的。

最近两年的市场表现，跟之前的周期性循环没有特别大的不同。这两年市场之所以表现好，跟2018年市场大幅度下跌有非常大的关系。也就是说，每一次市场有大幅度调整后，往上的修复力量就非常强。但在这一点上，普通投资者的认知跟专业投资者之间恰恰存在着反差。如果过去一段时间市场表现非常差，普通投资者就会线性预期未来表现也会非常差。相反，如果过去两年非常好，那么大家就会线性预期未来两年也会非常好。但作为金融资产来讲，最重要的特点是任何一项资产，当价格升高时其内在回报率就会降低。过去两年，市场很显然是结构化市场，有一部分结构性的资产其泡沫化已经达到了非常严重的程度，风险收益比已经变得不合适，而另外一部分资产，它的风险收益情况可能正在变得越来越好，我们很难笼而统之地讲这个市场未来一定会表现得会怎么样，因为不同资产的表现非常不一样。

从选择资产角度来讲，个人认为要永远选择那些风险收益比比较好

* 刘文动，时任华夏未来资本总经理、投委会主席。

的资产。比如大家现在回忆2014、2015年表现比较好的资产，还记得那些资产现在表现怎么样吗？其实那一部分资产在过去这两年里面，都大幅度地落后于其他的市场主要资产。相反，在过去两年里面表现比较好的资产，在2014、2015年之前都表现非常差。从这个角度来讲，资产的风险和收益特征其实在不断转换，也就是说，如果某一段时间某一项资产的风险收益特征被严重低估，那么下一段时间，这项资产的表现就会比较好。相反，如果过去一段时间表现比较好的资产，下一阶段可能表现就会差一点。所以，大家今后做投资时不妨用一点反向思维，就是当周围投资人都不做投资不买基金时，可能就是买入基金的好机会，相反，如果所有人都对它趋之若鹜，你就要稍微谨慎一点。

具体到现在来讲，目前市场我认为既不是严重高估也不是严重低估，而是说部分的高估和部分的低估，所以整体市场振荡格局延续下去的可能性会比较大。如果放眼未来十年，相信会比过去十年更好，如果将中国市场跟发达国家，尤其是美国的市场来比较的话，其中最重要的一个区别就是，中国上市公司的质量跟美国相比有一定差距。如果用一个简单的指标，ROIEC指标来衡量上市公司的话，美国上市公司这些年的平均水平是12%到13%左右，而中国上市公司的ROIEC水平在过去二十年里只有不到4%，只有美国上市公司平均水平的1/3左右。但可喜的是，这个现象正在发生改变。随着中国经济逐渐走向成熟，越来越多的行业也逐渐走向成熟，很多行业里的公司正逐步变成这个行业里的主导者，这些公司的盈利质量会越来越好。过去十年（2000年到2010年），我国ROIEC的水平有显著提升，相信未来十年里面还会有一个更大的提升，这样的提升对整个股票市场有非常大的支撑作用。

也许有人认为，中国未来增长率会逐步降低，意味着中国市场机会在逐步减少。事实上，增长率跟股票市场表现之间没有一个很显著的相关关系。第一，美国长期GDP中速增长只有3%左右，中国过去几十年中速增长有10%，但中国指数表现比美国有一定差距。未来十年仅就这一点而言，中国的市场就会表现得更好。第二，过去十年，相对于

2000 年到 2010 年这十年来讲，中国刚好处在一个宏观调整期（2015 年开始进行治理整顿，包括供给侧改革、清理影子银行等措施）。相信在未来的十年，这些调整都会支撑中国经济质量发展迈上一个新台阶。从这一个意义来讲，未来十年比过去十年投资机会更好。

市场价值和成长性分化

李　琛*

我在2007年大牛市时进入市场开始做投资，在过去十几年经历了市场的多轮牛熊市转换，现在对市场很有敬畏之心。虽然我对现在市场的结构性分化等各方面都保持比较谨慎的态度，但对于未来的权益市场仍保持着非常乐观的信心。这跟整个中国经济的产业发展、产业结构变化以及中国经济未来的财富增长等各个方面都有很大关系。

2021年初，人们普遍认为，疫苗可以让全球新冠肺炎疫情得到比较好的控制，人们对需求端比较乐观，觉得全球经济可以产生共振。从需求端看，资本开支在过去五年、十年是下降的，供给侧改革还有设限，大家对供需两端失衡有预期，开始时有通胀预期，年初时看到比较大的波动，大家对通胀还是比较谨慎的。但是从下半年展望来看，疫情总是有波动，在干扰全世界经济的复苏进程。虽然新的投资者也在出现，但全球经济复苏进程的确受到了不小的阻力。个人认为在全球经济复苏进程上，尤其从需求端来看，没有年初大家预计的那么乐观。一开始大家对通胀预期比较高时，对政策转向会有一个恐慌心理，但我认为，2021年下半年应该不会非常明确。

2021年下半年的整体流动性还是会比较充裕，结构性分化可能还会维持。大家对成长性的追逐其实是非常强劲的，对每年景气度最高的

---

* 李琛，时任广发基金价值投资部资深基金经理。

那些板块热情最高。在目前经济环境下，大家看不到强劲的复苏态势，因此倾向于在目前政策支持最大板块上面进行投资。2021 年下半年，价值和成长可能分化，这种大的剪刀差上，目前可能还不会出现特别大改观，但价值一定会回归，因为价格就像小狗一样，总想跑到前面，但最终还是会回归到价值本身。

我认为从 2021 年四季度到 2022 年，市场不是特别关注的结构性板块，性价比将逐渐体现出来。比如今年受影响较大的原材料，明年来看压力也会减缓。像原材料等，现在的估值很低，但明年估值会出现回升。所以我个人认为到明年，分化的过程会有收敛，一些今年低估的品种可能会有机会。

从长远来看，像消费、医药、智能制造、科技这几个行业都有非常长远的未来发展。在这个权益市场，以后可以投资的市场和板块非常多，可以长期重点关注。

股权回报不等于股票回报

张晓亮*

以客户绝对回报为第一追求，是券商资管行业的一个特点，产品设计和投资理念都围绕这个特点，选股也是沿着这个思路做选择，具体操作则跟对市场的理解保持一致。但股票市场是否一定能有长期的高回报？这个是不一定的。全球很多国家和地区股票的成长表现相对一般，比如中国香港，它的上市公司都是大公司，但股票长期表现比较一般，今年恒生指数几乎没有怎么涨，过去三年，2018 年到现在也基本没有怎么涨，五年大概只有 20%多一些的收益率。香港股市的特点是，上市公司背后很多都是中国企业，用的是全球资金。这中间会有悖论，为什么中国经济过去三年五年表现比较好，但港股表现不是特别好？另外美国经济没有特别强，但为什么美国股市无论是五年还是十年都远远好于香港股市？而 A 股的沪深指数为什么介于两个市场中间，不差也不好？

我的看法是，从十年的维度来看，A 股的股权回报是不错的，但股权回报不等于股票回报。股权回报的受益者包括三部分，第一部分是一级市场投资者，第二部分是产业资本创业者，第三部分才是股票市场的投资人。这三类投资者共同分享股权回报、共同分割蛋糕，谁的比例多一点，谁的比例少一点，都会影响股票市场回报率。

---

* 张晓亮，时任中信证券资产管理业务董事总经理、资管权益投资部负责人。

美国市场是股票投资人拿大比例股权回报。股票市场的主要投资人，像养老金、企业高管等，对股价的诉求非常强，选民也都对股票市场非常敏感，所以整个政策非常呵护股票市场。再看其他指标，比如上市公司数量。过去十年，美国上市公司数量增长幅度相对较小，40%左右，而同期香港市场和A股市场的上市公司数量均增加了一倍左右，这可能造成A股跟港股的市值增长，特别是香港市场，均大于股票指数涨幅，而美国主要靠指数增幅带来市值扩大。在A股和港股，上市公司的供应量包括它的再融资数量非常大，但回购注销金额非常少，所以我们可以看到，虽然整个市值不停地扩大，股票市场容量不停地扩大但实际权益涨幅只有110%，年化下来就是八个点或者九个点。也就是说，总市值扩张速度与实际权益涨幅之间是有差别的。可见，股权市场的高回报，并不意味着股票市场的高回报，因为股票市场投资者要跟一级市场投资者和创业团队共同分割这个蛋糕。

关于中国股票市场今后的机会，如果只回答基本面好、未来股权回报好是不够的。还要看股权回报分割倾向性是更有利于股票投资人，还是更有利于一级市场投资者或者创业的原始股东。我的判断偏谨慎。2018年以来，甚至2016年以来，各种因素凑成了股票市场的高回报率。当时上市公司非常活跃，PE市场非常有钱，但很多项目已经很贵，很多上市公司股价很高，这就产生了融资定增需求。在这一背景下，整个股票市场的总市值扩张速度非常快，但资金供应量不足，从而就会出现后面一段时间股票市场回报率不高的现象。因此我认为，还是要考虑股权回报在不同主体之间分配。

今后几年，市场可能会进入一个振荡或者是不排除阶段性会有一些压力的阶段。现在A股投资人的主流通道是公募、私募或散户直投，而在美国市场，养老第三支柱占据了总投资量的30%。养老第三支柱在中国虽然已经有一些小试点，但量很小。养老第三支柱很重要，因为它系统性地改变了资本市场的供应，同时使政策对股票市场的价值取向有了一些变化。

如果今年或者未来一段时间，可以看到中国的养老第三支柱在A股沪深300已经逐渐持仓，长期来看会形成一股力量，到时候中国市场可能会更多地考虑股票市场投资人回报，而现在考虑更多的还是产业回报。因此，个人觉得未来还是要比较谨慎地去做选择。

基金投顾助力居民财富增值

皮　舜*

我简要讲一讲券商助力居民财富增值的新路径、新工具、新业务。

首先，从财富管理需求来看，中国的经济体量已经达到 100 万亿，这意味着居民收入的提升，尤其是居民财产性收入的提升。由此我们可以看到，宏观总量需求已经滚滚而来，大家都将拥抱财富管理这个大市场。从结构来看，中国的中产群体，数量多、增长快，对优质理财服务需求极其巨大。同时，老龄化的社会背景，叠加创一代到富二代的交班过程，其对专业的财富管理及财富传承的需求也在不断提升。

从制度方面看，金融理财过去以债券市场为主体，以银行为体系。而当下，资产管理新规在 2021 年已经到来，任何人在理财过程中，都必须要向券商主体靠拢，接受净值波动。哪家机构能把净值波动运营地更加平稳，且达到较高收益，哪家机构就能成为最好的财富管理机构。

从趋势发展来看，权益市场已经成为财富管理整个主战场。我们经历了以信贷撬动传统基础设施的时代，今天，我们要开始面向中国创新、中国创造在全球引领时代，权益、数字经济扑面而来，资本市场必然将成为财富管理的最大的载体，券商将成为最好的财富管家。当下，资本市场的蓬勃发展已呼啸而来，我们可以看到，财富管理的环境正在快速变化。

---

* 皮舜，时任中信证券财富委投资顾问部负责人、执行总经理。

其次谈一下困境。资本市场发展三十多年，但没有在财富管理领域发挥重要作用，很重要的一个原因是股票型资产虽然长期高收益，但波动很大，一般人没有办法驾驭，这是我们遇到的困境。但近三年以来，资本市场的产品化、机构化投资正在加速推进，比如2020年7月份，股市跳高，如果居民银行市场的理财性资金在此时涌入资本市场，那么在产品化、机制化推动下，会使他们获益非常高。

从券商财富管理转型为居民财富增值，最大的挑战是什么？是产品收益获得和居民收益获得的背离。换句话说，产品很好，收益也很好，但就是拿不住，而且还面临单只股票业绩爆雷的风险。而基金投顾业务，则能很好地解决上述问题。它是把这些事情委托给一个专业的券商，让其来照顾和打理资产。打理的产品就是公募基金。公募基金为主体的产品形态可以解决以下几个问题，第一，解决单一股票的高波动性问题，这个可以用产品解决。第二，解决拥有产品时不能准确操作买与卖的问题，也就是说所有权在账户，而主动权在你手中。把专业权交给专业人士，这就是资金投顾，它是实现财富管理转型、实现居民增值的重要工具。

如何选择基金投顾做好财富管理？对广大投资人来说主要从四个维度去选择。第一，投资标的是否优秀，这取决于相关投资部门、资管部门是不是优秀。第二，三分投、七分顾，谁拥有一个庞大的投资顾问队伍，谁就能够成为我的账户财务管家。第三，科技的运用，要实现体量性的规模效益，就要运用科技将最好的资产选入账户中去。第四，要选择优秀券商，最好是AA级评级以上的券商，只有投顾券商有一定的资产规模、客户规模，才有可能把用户体验做到最好。

对 话

皮舜[*]：请结合自己资产提供方的特质谈一下，资产和财富应如何结合以做好客户资产增值。

刘文动：我从业二十多年，在不同类型的机构都工作过，最早是在券商，2000 年时进入了全国社保做管理人，后来成为公募基金管理人，2013 年成为私募管理人。

在做公募时，我有一个非常大的遗憾，就是投资者都很想赚钱，买基金也好，投资股票也好，本质上就是希望通过参与这个市场，长期下来能够赚到一个比较好的回报。但客观上存在一个问题，大部分的投资者要么缺乏精力，要么缺乏专业知识，因此参与市场投资的效果并不好。原本基金作为一个所谓的理财管家的角色，就跟家里面请一位管家打理家务一样，不应该每天跟管家说今天烧什么饭，明天打扫哪个房间，后天弄什么东西，不应该事无巨细地指导管家到底该怎么做。但是在传统资产市场里，大部分的资产管理角色已经开始异化，决策权力重新交回到了客户和投资者本人手中，比如说推出指数基金。但这个前提是，投资者本人对这个市场有自己的判断，判断这个市场好就买入指数基金，判断这个市场不好就把指数基金抛掉。然后还推出了行业基金，同样前提是投资者认为哪些行业好就买哪个行业领域，这段时间白酒行业好就买白酒基金，未来觉得新能源行业好就买新能源基金，背后的逻辑其实是管理人把自己的资产管理责任重新交还给了投资者。但大部分私募则把这个角色重新承担了起来。其实大部分客户并没有时间或者专业知识去进行资产配置，我们希望能把所有角色重新承担起来，让客户不用再操心市场什么时候涨，什么时候跌，什么时候是牛市，什么时候

* 皮舜，时任中信证券财富委投资顾问部负责人、执行总经理。

是熊市，牛市不用操心哪个板块涨得好，哪个股票涨得好，这些都不需要操心，唯一需要操心的是这个机构，他们的长期投资能力怎么样，如果投个五年、十年，能带来什么样的回报。

幸运的是，从我们做私募以来，能达到费前20%多的回报，这放在全球也是非常高的。同时，回撤也做的非常好。大部分客户非常害怕有大的回撤，比如2008年市场平均跌了65%到70%，一般情况下客户买基金不要说跌70%、50%，甚至20%感觉也非常差。加上大部分客户更愿意市场好的时候买，市场不好时就不买，但是如果在市场好的时候买，那么在遇到熊市时资产会遭受非常大的损失。这使得我们希望回归到理财管家角色，就是客户不再需要为这些事情操心，也不需要为这些事情担惊受怕，客户唯一需要做的就是有足够长的时间，从而实现非常好的回报。

李琛：我在广发基金筹备时就进入了公司，是筹备组成员之一，当时确定的广发基金的服务宗旨就是“助财富增值不停步”。这就是当时最朴素的愿望，帮客户在财富上不断增值。过去十几年的发展历史可以看到，广发基金从一个刚刚起步的基金公司，到现在成为一个大平台，不论在市场研究还是产品端等各个方面，广发基金都希望全方位地去服务客户。第一，广发基金给客户提供各式各样的产品的选择，比如指数基金、债券基金、投资海外的QD基金等，产品选择非常丰富。广发基金的APP里有一个基金超市，里面有几百个基金供大家自己选择。

第二，在服务上广发基金有一个庞大的市场部，不仅服务渠道，还有很多服务是帮助投资者理解产品以及如何做投资选择的。客户部会给客户推送基金知识，通过小视频帮助大家理解怎么做基金投资，怎么做基金定投。就算不会选择基金也没有问题，可以根据个人风险偏好等情况制定投资策略。换句话说，广发基金会帮你选择成长型基金、稳健型基金、债券型基金等各种基金搭配一个组合出来，让你做投资选择。在这类客户服务上，市场部也会绞尽脑汁想出很多方法让客户更好地理解产品是做什么的、分成收益怎么样以及资金会投到哪些领域等。

第三，作为大平台最重要的是投研实力。广发基金有很大的研究部，涵盖所有行业，研究员要研究所有行业，给基金经理提供行业、公司等各种各样的深度研究，我们有非常多的基金经理管理着不同的产品。以我个人为例，每天从早到晚都在做公司研究、行业研究，我们这么做的目的，就是为我们的基金组合选择出最优质的企业，让客户分享这些最优质企业未来成长所能够带来的收益。这就是我们每天都在做的，不管是早上的晨会、深度报告的路演，还是我们每天做的各种各样的讨论，目的只有一个，就是把这一个组合打造地更好，让客户资金体验更好。总结来说，广发基金主要从市场、投研、产品三个角度帮助中信的客户更好地理解基金，买到好基金，享受到基金收益。

皮舜：请晓亮总简短讲一下，未来如何做出更活跃的表现来回报投资人。

张晓亮：我们在打法上是谨慎保守的。牛市时我们的收益率会跑输头部基金产品，这是因为我们希望可以做到稳健、可靠、确定性高的回报，因此不太敢博排名。客观地讲，市场大势变化莫测，结构性变化也很难预测。我们知道，很多情况是把握不了的，所以会选择一些确定性高的品种做配置。而确定性高就意味着弹性可能略低一些，往往牛市产品表现会总体比较弱，但长期持有会有一个确定性较高的正回报。

第十章
金融科技赋能金融新生态

以大数据为代表的新技术的运用推动了整个金融业向数字化方向转型，科技创新与业务场景的深度融合为金融服务带来了新机遇，金融科技正在重塑金融行业生态。进入新时期，金融科技将更加聚焦如何提升金融服务效率和普惠性，实现数据支持经营和资本转化，搭建新平台和生态场景。金融机构应积极探索科技创新对产业的赋能，以更高效的服务支持实体经济发展，同时筑牢数据安全和安全合规的防线，构建实体经济、科技创新、现代金融等协同发展的现代产业体系。

金融科技新生代的两条代码纠缠

王忠民*

如果把一天分成黑夜和白大，那么白天劳作发展，晚上就要休息恢复体力，只有这样我们才有精力在这两个世界中选择自己最应该做的事情，让自己在这两个世界当中都能发挥出力量。金融科技也存在这样的两种力量，一种力量是让所有基于代码的黑世界彻底黑下去，那就是用代码的逻辑让私有财产、私有产权、信息隐私、信息安全等都能得到保障，从而让代码世界的白代码能够无限开放、无限链接、无限拓展、无限应用，开出新时代数字科技的绚丽花朵。我把这两条代码称之为数字金融领域的黑代码和白代码。

有趣的是，金融科技包括数字经济应用以来，黑白代码一直处于纠缠关系中。

黑代码：分布式智能加密

此前，我们经历了一个数字时代的蛮荒时期，当时只要用 01 结构就可以进入到某一个领域，获取这个领域的全部数据并进行无限深度和广度地挖掘，可以不经过数据产生方、数据传输方、数据场景方乃至于

---

* 王忠民，全国社会保障基金理事会原副理事长。

今天数据云存储的存储方同意，就可以调取、挖掘、使用数据并获取收益。在当时，数字化时代的蛮荒拓展表现为数字权力和数字收益的分布不均衡。这其中最大的忧虑是，这些从平台获取的用户数据是否会随着资本上市而外泄。如果外泄，这些数据所包含的个人信息、地理信息以及其他用户的敏感信息将可能全部外泄。

以特斯拉为例，它面临着使用者和汽车服务公司能否在平台信息使用、挖掘和服务上达成一致。比如，有位特斯拉车主声称自己因为刹车失灵撞到了墙上，要求特斯拉对此事负责。而特斯拉则否定了这一说法，并指出根据云端存储数据显示，车主在开车过程中是否踩了刹车，共踩了几次，每踩一次刹车使车速下降了多少等。可以看出，云端数据可以还原车主当时说的每一句话、每一个动作。紧接着这位车主回应，这是车主的数据，不是特斯拉的数据，平台未经车主同意就把这些数据公之于众，侵犯了车主的隐私权。而特斯拉则回应，虽然数据是车主产生的，但是车主购买了我方汽车，我方有权力把这些数据存储起来。正常情况下，这些数据不会有人看到，也不会有人打开，但遇到类似的诉讼情况，尤其牵扯法律赔偿时，我方有权打开这个数据。

这还不是问题的全部。事实上，云端数据还可以通过不同的方式被发现、被挖掘和被使用。当然如果想获取数据也不是非得用特斯拉汽车，因为所有卫星在为我们提供服务的同时，都会索取数据。苹果公司也有这个问题，它的解决办法是，将所有用户的数据打成一个云包，托管在云上，既不拿走，也不用建新的数据中心。用户的数据存储、数据管理、数据安全等服务，均由云管理，用户只需支付托管费用即可。

但即便这样，问题仍然没有解决。这时候，黑代码就横空出世了。我们可以用分布式的加密方法对数据进行全流程、全场景加密，在数据产生之初就对其加密，从而解决金融科技当中的任何一个隐私、交易、敏感数据的传输问题。加密、分布式加密、分布式智能加密，是黑代码的源代码和根本代码，是解决问题的根本通道。也就是说，我们可以在数据传输过程中把最敏感的信息进行加密，比如在用手机做金融服务时需要上传身份证、家庭住址、结婚证等敏感数据，我们可以在传输前就对这些信息进行加密。目前有很多公司可以提供这类加密服务。

在传输问题上，大家印象最深的就是 VPN。很少有人想过它其实就是一个加密解决方案，这个方案不仅可以把公网和私网链接起来，而且能够做到让公网和私网相互独立。也就是说，只有链接通道当中的你知道自己做了什么。这种在信息传输过程中可以建立起加密通道的加密方法，叫做“隧道加密”。相当于有一个隧道，在这个隧道里，所有数据都是安全的、受保护的。如果所有的数据传输都能用隧道的方法，那么不管信息传输的多与少、宽与窄，不管我们传输的数据包打开方式用的是公钥还是私钥，都能让数据在传输过程中得到安全的保护。这样一来，像上述特斯拉事件中的数据所有权问题，也就迎刃而解了。

“隧道加密”背后其实是网与网之间、网与用户之间的协议关系，相当于双方签了一个隧道协议，开辟出了一个隧道通道，这个协议解决了信息的传输、链接和跨越，而且能保证双方均可以看得到信息包，但看不到信息包中的具体内容。

未来的终端更是加密的逻辑。如果未来的手机是云手机，未来的汽车是云汽车，未来的一切都是云端处理，那么，我们则处在加密世界的终端。只有那些具有私密安全保证的信息，才可以让位于终端的每一个人都敢用它、想用它。加密是数字化世界的一种工具，以金融为例，一方面我们的财富在投资管理、投资渠道过程中需要个人信息的脱敏、加密，同时，我们的实时金融行为也需要如此。因此，金融的第一逻辑是，私有金融能否在加密的数字化世界得以实现，从而可以让私有信息更安全，甚至让货币不记名。

金融的深度和广度取决于在数字化世界当中，黑代码是否能够彻底得黑、永远得黑，永不被发现，永不被侵犯，永不被割裂。如今，原来物理性隔绝的方法已经不能解决问题，只能通过从生产、传输、应用的三个环节，从每一个生态体系中用分布式智能加密的方式来解决。

白代码：源代码开放

再看白代码，在今天这个场合谈开放，我们谈的是来了多少观众，观众中有多少院士，来了多少家公司，使用了多少科技，吸引了多少资本。但是在数字化时代，我们谈的是源代码开放。就是把源代码免费开放，可以做成无数出行、音乐、体育、教育等APP，只有当你在这个生态体系当中挣了钱，我才分利润，你上市后才给我回报。只有这样，源代码的开放才是最深层的开放，才能成为开放的白世界。

历史上，和今天源代码开源的逻辑相一致的事物是文字。创造文字的人没有垄断，人们想怎么用就怎么用，你可以把这些文字组合成词语进行知识传输等，这才是开源的东西。今天从代码的角度，从01结构的角度把开源给你了，给你我的新创造，给你我的新代码，给你我的新应用，甚至连语言体系、操作方法等一切的东西都可以给你。你在这当中可以免费操作、免费应用，那么生态体系可以就此形成，平台公司也可以就此形成。这个公司建成背后的CVC逻辑就出现了，所有人都可以免费进入这个平台进行创业投资，把机会成本降到最低，这样，产业链一下子就建起了。如果我能从资本端吸引到新的投资人，那么在服务端口只要关注服务数量就够了。因为我不需要从服务对象中获取利润，我赚钱的逻辑是吸引到了新的资本来投资A轮、B轮、C轮，而业态挣的钱给员工。可以发现，只有在这样的开源业态体系当中，才真正能够做到不再跟劳动者争利。也就是说，我把所有利润都给你，我要的是能够使其进入资本市场吸引投资，原来这个平台公司的利益成长各自分到了各自的维度，我既不会去要劳动者的利益，也不会去要管理层的利益，我只要资本持续估值的增长，这就是我最大的利益所在。当有了这样的开源，这个公司的生态体系就会基业常青，因为新东西是持续的。

在数字化时代取代工业时代时，是新事物替代了原事物，而在白世界当中，现在市值排行榜前十的公司全部都是将云应用作为自己最大的收入来源。比如微软，在 Windows 阶段曾市值大幅度下跌，而最近一段事件突然市值增长，正是因为云。再比如谷歌，正是因为在开源逻辑下把开源的云工具奉献给世界，才让谷歌这样一个以搜索为主基因的公司成长发展。再举个例子，青岛机场十年前的广告是终端产品，而二十年前的广告是奢侈品、消费品，而近几年的广告全是跟云相关的东西，“云”改变了这个世界的焦点。比如手机可以进一步微型化处理，就是将数据全部放在云端。我的第一个手机只能存 100 个电话号码，而现在我的手机都用了五年了，收藏夹还能无限存储，就是因为数据都上云了。那么，下一代手机很可能就是云手机，它的所有处理器、芯片、功能只用一个多维显示，想显示在哪就显示在哪。就像驾驶智能汽车，如果是云汽车，未来可能就是一个显示屏幕、一个接收器或者只是一个柔性的、可穿戴的、无处不在的显示终端而已。关键在于，白世界的代码到了云端口之后，它的规模效应是什么。

据此，我们可以看到两个经济学逻辑。第一，云世界的边际成本无限趋近于零。当物理性边际收益、边际成本无限趋近于零，就可以将源代码无限免费地给别人运用，而体现在终端产品当中的基础设施云端化的东西，它们的可转移成本极少。这时候社会的应用规模出现在规模经济当中、产业组织当中就会有两个趋势，一个叫经济的规模性，也就是说，在单一的产品中，当一个公司在这个产业当中的市场覆盖率可以达到 60%，它的边际成本会无限趋近于零且规模收益无限。由于它的覆盖率足够高，就可以达到 70%的毛利，80%的净利，可以贡献全行业市值的 90%。另一个叫范围经济的无限性。如果我们边际成本趋近于零，规模、范围都无限的时候，那么今天白世界就从成本和收益、规模、覆盖率的角度形成了一个历史上从来没有过的生产组织系统，高效且低成本。

再来看白世界的第二个逻辑。我们都反对垄断，因为它无偿可以无偿获取数据。但如果把白世界和黑世界搞清楚了，那么白的应用就可以无限扩张。大家都知道，今天所有数字化领域的垄断都是因为数据集中和产业集中。但我们是应该因此把平台经济和生态经济当中的规模效益给控制住，还是为了让它的规模效益成长，为了让它边际成本无限趋近于零的基础设施、云服务覆盖到全世界的任何领域，而可以允许其范围无限？这时候就需要在这个领域当中给予白世界一些反垄断的基本约束。第一条约束就是可以对谁坏，比如高收费或者杀熟。这时候要关注的是，你所服务的人群中有没有收入的弹性、需求的弹性或者供给端的弹性，以及市场有没有突发的问题。如果有这样的弹性，那么就可以考虑高收费，以此来节省客户的时间成本或其他成本。举个例子，如果大家的时间机会成本很高，就会宁愿多花钱以期在最短时间完成一件事情，那么，我们就可以对这类人群实行高收费，因为节省了时间成本，这就是多维服务、差异化服务。需要特别注意的是，这个高收费，是服务质量、服务差异化带来的特殊价格。那么，我们是否能自主选择对谁优惠呢？比如我喜欢这个客户，就对他收费低？我们在 WTO 的时代就已经解决了这个问题，如果在平台生态当中想给谁优惠，就必须让所有用户同时享受这种优惠，这叫普惠逻辑。如果我们不论集中度有多高，都能坚持这两条原则，该收费高的就明明白白地提供最优质的服务，那么高收费是可以畅行的。

总结来说，当黑的世界黑了，白的世界就无限。当白的世界可以无限，我们就可以在交易过程中得到最优服务和最优拓展，这两条代码就会从过去彼此纠缠变成彼此并行，彼此互相赋能，构建出一个黑白互动的良好数字金融世界。我们要想迎接这个时代，就要坚持这两条代码的市场逻辑。

智能投顾是财富管理的方向之一

纪　敏*

在数字经济时代下，财富管理也将会有一个更好的发展。近年来互联网理财迅速发展，速度前所未有，普及性显著增强，透明度也有所提升，比如现在数字技术发展得非常好，可以每天方便地看到产品净值和投资组合变化以及相关各类信息。这种透明度的增强，无形中也会提升投资者的信心，方便投资者选择。

正是由于便利性和透明度的提升，网上理财数量这几年快速增长。从人群结构看，除了高净值客户、老客户、已婚男等稳定投资者外，青年投资者数量增长也很快。这背后反映的是这部分人群对互联网更熟悉，不仅会在网上借钱，也会在网上理财。从时间上看，2018 年以后，互联网理财环比增速有所下降，这和余额宝收益率下降有关，影响因素较为复杂，但互联网理财仍然是大势所趋。这几年基金销售较好，散户投资者下降，也和网上销售费率下降、渠道增多，尤其是一些大型平台规模经济效应较为明显有关。

互联网技术对于财富管理来讲，除了规模经济、成本低、便利性这些普惠优势以外，更重要的是有利于将投资者适当性落到实处。

投资者适当性是金融市场供求适配的重要基础，也是金融监管的重要原则和支撑。过去我们常常诟病监管的一个重要理由，就是“一刀

---

* 纪敏，时任中国人民银行参事室主任。

切”，但其实要想不“一刀切”，就要对投资者进行分类，然后基于分类确定不同的监管规则。尽管理想很丰满，但现实很骨感，投资者适当性往往难界定。现在，基于互联网技术带来的大数据的广泛运用，能够更好地为投资者画像，从而可以为投资者匹配更合适的产品，不必如以前费劲调查收入却拿不到真实数据，这跟我们在淘宝、京东上买东西是一样的道理，买的多了，系统给你推荐的东西就会跟别人的不一样，这就是所谓的精准营销，背后隐含的就是投资者（买者）适当性。当然，对于投资者适当性的区分，精准识别只是一个基础，还需要其他方面配合，但这个基础无疑十分重要。从监管角度来讲，通过观察实时数据，不仅能准确发现产品与投资者是否匹配，还可以发现是否落实了净值化管理，是否有资金池互相交叉补贴，或者通过一些其他的方式兑现收益的违规做法，这样比起填个表、画一些勾或“我已阅知”这类做法要管用得多，因为这是根据数据实际发生的投资行为检验你的投资适当性是不是得到了落实，这就是最直接的数据。这就如同在肿瘤诊断中病理结果就是“金标准”，但如果大家都去做手术查病理，无疑代价过大；但如果不做手术，仅仅看 B 超、CT，又没有十分的把握。理财也一样，过去没有大数据等数字技术，如果直接识别，不仅成本过大而且不真实，但现在有了这些技术，理论上可以做到直接通过动态数据去判断投资者适当性，以及净值化管理等核心监管要求是否得到了落实。

据此，我认为未来的财富管理，从数字技术应用来讲，智能投顾是方向之一。投顾这个概念，一方面当然是投资，既然是投资，无论是受人之托代人理财（资管），还是我们自己投资，都要做风险管理，这是投资的核心。所谓智能投顾，其实就是大数据等数字技术支撑下，可以帮助投资者低成本、高效率地匹配与其风险承担能力一致的产品，这里的顾问，就是数字技术。为什么中国散户很多，且散户即便是买基金也不一定挣钱，据说是和频繁申赎有关，因为很多基金年化的长期回报并不差，实际上收益跟持有年限是高度正相关的。但为什么拿不住？这往往源于对下跌的恐惧。这个时候，如果有机构能加强服务，及时讲清楚前因后果以及未来变化，投资者的焦虑就能得到缓解，情况就可能完全不一样了，这就是“顾”；相反，如果只是简单地卖，把这个基金或理财产品卖给客户就完事了，反正亏损或者盈利都是客户自己的事，投资者自然不会长久跟随。但问题是，从“卖”到“顾”，这个过程其实会增加很多成本。不仅需要人力，更需要智力，因为每个投资者情况不同，产品组合不同，如果说没有互联网技术，没有大数据，其实是做不到的。现在基于数字技术和机器学习，数据的可得性和处理效率大大提升，这就使得对每一个投资者提供高频、精确的投资分析服务，包括投资管理，基于机器学习、人工智能的量化投资，成为可能且会越来越多。这对广大中小投资者来说意义更大，因为更加能够规避一些风险、做一些长期投资。

最后简单说一下金融科技监管。我认为应该本着“技术中性、风险为本”的原则。刚才忠民理事长讲了黑白两道，即从方法论上处理好秉持技术中性和风险为本二者之间的关系。一方面，要坚持风险为本，即无论采取何种技术，都要按其功能接受监管，这与技术无关；另一方面，所谓秉持技术中性的原则就是我们既不能遗漏对某一种技术的监管，也不能在监管当中有意无意造成对某一种技术应用的鼓励或限制。原则是清楚的，但具体如何应用，还需在实践中进行探索，不可能一蹴而就。就财富管理或其他金融服务而言，数字技术应用的监管重点之一，就是数据的监管如何坚持风险为本和技术中性，其中一个较好的选择，就是发展智能投顾，通过技术实现投资者与其适当性匹配的金融产品。

金融科技试验区建设势在必行

张燕玲*

当前，全球都在探讨金融科技赋能金融新生态。我们要把金融科技的生态搞好，不能野蛮生长、无序生长，这就需要有一个顶层设计，要有监督。

一、金融科技的飞速发展

首先，要明确对金融科技定位：风险为本、技术中性。

其次，全球为什么如此重视金融科技？因为数字经济时代的金融必须紧握数字这把钥匙，必须快速进入到数字经济的脉络里来。金融科技能为银行赋能，那么它可以赋哪些能，主要内容是什么？金融科技的底层技术在不断突破，中国金融科技也迎来了飞速发展，科技与金融的深度融合对金融行业业务环节的变革和影响持续深化。

金融新生态赋能的金融科技需要聚集哪些资源？金融科技分为传统科技和新金融科技。传统金融科技是 ABCDI，新金融科技是 ABCDE。

传统的 ABCDI，A 代表 AI 人工智能，B 代表 Block Chain 区块链，

---

* 张燕玲，时任商务部中国国际经济合作学会供应链金融委员会主任，中国银行原副行长。

C 代表 Cloud computing，云计算；D 代表 Big Data，大数据；I 代表 Internet，互联网。

新金融科技（New FinTech）定义是 ABCDE。英国金融评论家最近提出，一个新的金融科技时代正在到来，并把 2021 年列为新一代生态科技启动年，以 ABCDE 代表这些新科技——这与传统金融科技虽然字母很接近，但实际内容差距很大，只有字母 D——Data 是一致的。

在新的定义中，A 代表资产与央行数字货币 Assets and central bank digital currencies。报告认为“三年内十个最大经济体中有五个将会引入中央银行数字货币进入市场”——我认为他们有点保守了。

B 代表 Banking technology stacks，银行技术堆栈。堆栈是一种数据结构。报告认为“三年内银行的技术堆栈将主要基于云计算，在五年之内放开开源代码将会成为核心处理的重要元素”。我想这正是大家所说的“开源世界、无限免费、无限收益”。

C 代表 Commerce Experiences，商业体验。报告认为“五年内，个性化的跨平台数字算法或超级代理将占据零售商业交易的 20%”。

D 代表 Data，数据。像今天的 Windows、Unix、MacOS、Android 和 iOS 系统一样，随着行业从大数据和好数据的转变，数据平台将成为新的操作系统。

E 代表 Ecosystem，生态系统。报告认为“五年内，金融科技公司将占据全球最有价值公司前十名中的三个位置”。这是一个很好的展望。

金融科技始于 2000 年，当时全球人口 61 亿，网络用户 3.61 亿，网络用户占比 5.9%，全球 GDP22.6 万亿美元，全球电子商务交易量 615 亿美元。

2020 年金融科技进入 1.0 时代，金融科技 2.0 时代从 2021 年开始。机构或移动货币服务提供平台的账户数量，根据世界银行统计 1.0 时是 50.6%，2.0 时是 68.5%，交易量提高则更大。

金融科技驱动因素构成：从经济动荡到网络公司，到金融危机，到新冠肺炎疫情。技术从消费者设备到个人电脑笔记本，到智能手机，到现在“智能手机+物联网”。

二、中国金融科技生态环境建设意义重大

总结国内外前期金融科技发展中出现的偏差，规范发展势在必行。

科技公司无牌照做金融是可怕的，打擦边球出问题是迟早的事。金融科技的能量，决定了金融业务需要规范操作、安全运营、消除引发系统性风险的隐患。金融科技公司不能贪大求全，而是一定要专业，尤其不能是万金油，最好专攻一项，水平过硬，精益求精。

以湖北天逸集团的四款产品为例：供应链金融的管理平台、应收账款的金链平台、在线融资服务平台和区块链管理平台。这几个平台在国际结算领域、供应链金融和区块链技术方面已经走在了世界前列。为什么举这家公司的例子？因为全球最大的保险公司 Euler Hermes（裕利安怡信用保险公司）给他们颁发了亚洲唯一证书和奖牌，赞扬天逸在2017年至2019年度，在没有任何索赔的情况下，实现销售业绩100%增长。如果每一个科技公司在单项里面能拿国际奖项，那很多科技公司结合起来，中国就将是一个总冠军。

做到这一点，既要有技术人才、先进理念和价值的整合，还要包括服务对象、金融政策法规、经贸运行等，涉及方方面面的人才、政策、资源的整合。所以，不能只看金融这一小块，服务对象等其他方面也都要抓好，这就叫价值外溢的效果。

金融科技重塑金融行业生态已经是全球的普遍遵循。

国际商会正在研究创造一个新的贸易金融生态，要搭建金融科技平台。这些平台的相互兼容，可以用区块链或互联网，并且正在考虑制定一个国际规则。中国金融机构的内部科技建设还是很不相同的，比如银行最初的科技化都是为了解决自身的问题，为了安全不出差错，IT 改进是为了内部监督和集合服务，但有时候反而会给客户增加麻烦。而经

济社会数字化转型需求倒逼了金融领域的变革，包括银行、证券还有保险。

科技在金融机构的运用不仅是客户服务的需要，更主要的是银行内部的流程简化、运营提升以及业务赋能的需要。在IT改造过程当中，要把这些新的元素都加进去。

以银行为例，从柜台服务到电话银行、手机银行，大的银行服务大厅里面现在都有机器人，都有VR、AR的运用，这些主要是内部流程的优化。同时，还应该把客户信息的保密、客户识别，以及反洗钱、反恐怖融资等都嵌入进去，并且要和监管是同步的。现在广大的中小银行科技发展是薄弱环节，需要外包给第三方科技公司，原因一是养不起，科技需求成本高；二是外包的效率也不是很高，内因是需求提得不全，外因是科技公司对业务了解不够全面。

在这种情况下，金融科技试验区的建设就非常有必要。因为首先它整合了各种资源，让金融科技的价值外溢到整个社会，比如对服务的评估标准、合规的要求等，能够促进企业更快提升数字化水平，为落实“十四五”规划和2030远景目标中的建设数字中国、数字强国的战略发挥作用。

其次，金融科技试验区可以集中力量更好地关注和跟踪国际上金融科技发展的方向，把脉中国金融科技微观层面的发展，提高在这个领域里的话语权，同时加强与国际的合作交流。金融科技公司统一开发出来的项目有利于产品的统一，有利于管理的规范，有利于监管的透明，也省去了试错的时间，减少了成本支出。

关于中国特色的技术赋能资源整合的建议，首先政府要主导推动，要建立各种区、各种园，在一个范围内进行试验。这样的好处是，出了问题好纠正，也可以获得各方面的关注和帮助。

另外，刚性的银行内部流程的升级改造需求巨大。现在全世界有两个定论，一是中小企业贷款难，二是中小金融机构科技升级难，压力也不小，使得运营成本大幅提高。

整合资源、共同开发、统一应用系统是未来的发展方向。大胆设想一下，统一流程、降本增效、监管有力、金融安全的情景下，金融科技和金融机构都为实体经济提供很规范的服务，或者是引导实体经济部门规范的运作，这样的数字金融新蓝图前景将非常美好。

理性客观看待国际金融资本市场

陈兴动*

鉴于发言时间限制，我主要谈一下国际资本市场。第一点，要客观理性地分析判断国际金融资本市场的变动。一段时间以来，基于中美之间的贸易摩擦、物价高企，以及美国股指屡创新高等情况，很多人在国内自媒体上唱衰美国资本市场，指出美国经济必将走向滞胀，股市泡沫要破，新一轮金融危机难以避免。这种分析和判断可能是一种愿望，是情绪性和发泄性的预期，但可能并不符合实际情况。这可能会误导大家。

第二点，国际资本市场的确发生了三个重要的事件：一是国际大宗商品价格的大涨，涨幅超出了大家的预期，而且还在上升。二是通货膨胀大幅上涨，大大超出预期，迫使美联储不得不开始重视通货膨胀问题。从逻辑上讲，市场担心通胀必然担心美联储会提前对货币政策进行调整，从而导致股市下行、债券收益率上升。但实际上市场却出现了反向发展。美国的股票市场尽管波动不断，却继续创造新高，10 年期美债收益率降至 1.3%的新低，半年多的时间里标普指数涨了 14%。相反，香港的股市同期却下降了 14.2%，沪深 300 下降超过 11%。三是由于中国政策的调整，包括 DIDI APP 下架，民办教育和培训学校规定的改变，导致中概股大幅下跌或腰斩。怎么去面对这些事件，以及未来可能

* 陈兴动，时任法国巴黎银行（中国）有限公司董事总经理、首席经济学家。

出现的更多此类事件，是每个投资者必须面对的挑战。

现在国际资本市场的基本看法是，尽管通胀高企，美联储很快调整货币政策的可能性几乎看不到，短期内缩减量宽的机会是非常小的。美国财政政策目标明确，量大力度强，刺激是有效的，这将使美国未来几年时间的经济增长持续看好。2021 年美国的年度经济比 2020 年增长了 6.9%。2021 年初以来，强劲的美国经济增长受到世界性关注，乐观者认为，美国很有可能再经历新一轮的高增长，我只是说在市场上有这种预期，但这种预期也会对市场起到非常强劲的支撑作用。

美联储货币政策传统上专注通胀，并会对通货膨胀做出敏感的反应。但是也已经从 2008 年、2009 年吸取了经验教训，特别是这一次新冠肺炎疫情对中低收入者的打击影响非常大，所以这次美联储的货币政策与过去不同，明确提出将对通胀的容忍度提高 3.5%以上，而且是一段时间的平均水平，货币量宽在看见就业形势根本好转的数据以前，都不会改变。美国财政部长、前美联储主席指出，美国对付通胀的办法和经验比对付通缩多得多。高通胀是痛苦的，但是通缩的痛苦更加严重。所以，市场的共同判断是量化宽松减量，要到 2022 年初，加利息要到 2023 年初才有可能发生。投资者认为现在调降仓位太早了，相反，应该利用通胀背景下企业盈利增长的前景而继续加仓。从这个角度讲，我们应该理性客观地判断，未来美国以及西方的资本市场还会有一个不错的表现。

关于数字技术驱动金融业的四点想法

商敬国[*]

数字技术可以使金融业转型升级、高速行驶，同时又可以避免翻车。

第一点要顺应趋势。数字技术已经重塑了金融业的生态，这是我们必须接受的，特别是服务效率的提高，是我们以前没有体验到的。金融行业从被动到主动，是一个很好的转变，但同时也意味着，躺着赚钱的日子已经不在了，从坐商到行商，不仅要靠人，更要靠技术。从物理网点的扩张到无线网点的扩张，物理的界限越来越模糊，科技基因的高估值和传统基因的低估值趋势，我们一定要顺应，我们不可能把它搬回来。

第二点要遵守规则。金融业运行是有自身逻辑和规则的，金融的逻辑是不变的。如果我们改变了逻辑，那就造成了金融业的不公平竞争。所以说科技和金融应该是相互尊重的，是合作而不是颠覆，只有合作大家才能双赢，如果颠覆，则可能大家都会受损。

第三点是尊重规律。科技因素有时候被提的有点过高了，其实，现有的生产要素，特别是人（金融行业都是人才为主的），其实还是不匹配的。举个例子，某金融公司，就是因为定的科技标准过高，后来发现队伍根本就不适应，引起了业务的大起大落。回头审视，在科技基因主

---

* 商敬国，时任中国保险行业协会秘书长。

导下，我们究竟要用到多少？我认为应该是适当超前，同时也要和传统进行同步，降低大起大落的风险。

我们说科技是看不见摸不着的，但是金融一直是用人来服务的，这种冰冷的科技和温暖的金融之间一定要结合，不论哪个走到极端，都不是好现象。我们积累了那么多人才，要慢慢提高他们的技术素养，一定要相互同步，毕竟科技是为人服务的，而不是替代人。我不相信完全没有人的金融能够存在。

第四点是包容性监管。其实刚才前面说到了，监管限于他自身发展的历史，确实在一些规则上可能有些定得过细。因此，我们需要的应该是原则底线下的包容性监管，有秩序的科技运用需要一个有底线的监管，但是这个监管的底线或者监管的原则可以审慎地同步。

绿色金融科技赋能绿色发展新生态

汪　申*

现在碳达峰、碳中和已经是国家战略。不论是国际上的德国洪水、美国西部高温，还是国内发生的河南大洪水，都说明气候变化已经离我们不再遥远，是发生在我们身边的事情。气候变化会影响什么？它会引起转型风险和物理风险，这两个风险会转化成金融风险。而金融科技的本质，就是通过科技的手段去进一步化解这个风险。

关于绿色金融科技有三种解读方法。第一种解读方法是如果把金融科技前面加绿色，就是说金融科技要绿色，这叫绿色的金融科技。

第二种解读方法叫绿色金融要科技化。也就是说把绿色与金融合在一起，落脚点是科技化。这点上可以做的就特别多，比如如何通过科技的手段去管控好这些风险。以我所在的单位为例，中再巨灾风险管理股份有限公司就是通过科技的手法，首先收集大量的数据分析这些风险到底在哪里，因为如果没有数据的可视化，这些风险是看不见的，所以首先得让风险看得见。比如说台风的风险、地震的风险、洪水的风险，如果我们能提前看到这些风险的话，其实能让风险管控的关口前移。这是绿色金融的科技化。

第三种解释的方法我认为是更重要的，就是金融科技和绿色科技的交集。这两者有一个很大的交集，这个交集在未来值得深入挖掘。金融

* 汪申，时任中再巨灾风险管理股份有限公司解决方案部负责人。

科技大家都很熟悉，不论是金融科技还是科技金融，都是通过科技的手法来解决金融场景下没有解决的问题。那什么叫绿色科技？一个是可以见得到，一个是见不到的。比如说碳捕捉、碳封存的科技，第二储能的科技，第三风险管理的科技，这些科技都是比较新兴的。我们说金融与科技应该怎样结合？其实恰恰是金融服务实体经济的具体体现，只是在科技这个维度上让它更好地结合。比如，现在来看要大力发展氢能源。氢气是未来新的能源，在蒸汽机发明以前，人类获取能源的来源都是地表以上，从蒸汽机以后到现在为止，人类获取能源的来源是地表以下。我们现在讲碳中和、碳达峰，就是希望能源结构可以从地表以下再回到地表以上，这需要很强劲的风险管理手段，这个风险管理除了要管理好物理风险以外，也要管理好转型风险。

金融科技要拥抱监管、兼顾普惠

王　剑*

结合从业经历，我主要谈三个观点。

第一个观点，这几年中国乃至全球金融科技的迭代速度越来越快了，原来可能以十年为单位，现在不到一年就有一些大的技术迭代。大的迭代就带来了很多机遇，大家也都非常看好这个赛道市场，所以从金融机构到市场，再到一些大的互联网厂商其实都在进入这个赛道，都在充分地竞争。竞争就会带来一些东西，带来相对负面的一些感觉，但是归根到底，这么多的竞争说明大家都看好金融科技的发展，也看好它在整个金融过程中发挥的作用。大家做这件事情的根本目是服务于客户的需求，无论是金融机构、互联网厂商还是公司，都是通过科技的力量来服务金融，通过金融的力量来服务客户，所以我们完全可以回归到一个有序的生态发展，无论是金融机构本身还是市场里的服务提供者，还是大的厂商，其实都是一个生态融合的过程。一个项目一家是做不完的，需要大家发挥自己的特长，通过生态的融合做相应的一些服务和设计。

第二个观点，要拥抱监管。监管是一个永恒的话题，在中国这个话题尤为突出。金融是一个特殊行业，金融的监管发挥着不可或缺的作用。因为技术的发展，技术本身其实没有任何问题，但是技术的发展往往会带来很多伦理道德上的问题或者法律法规上的问题，这些问题需要

---

* 王剑，时任华软金科集团董事长。

用监管的手段去解决。这几年可以明显感觉到，因为技术的快速迭代，监管需要加快反应的速度，包括这几年国家对于 C 端的个人消费金融市场的整顿，这个过程中的确出现了一些问题，这些问题对法律法规以及消费者体验等带来了不利的影响，所以监管应及时跟进。其实，监管本身是一个非常值得尊重的行为。从监管的角度来讲，技术的发展也支持了监管。这几年，像监管沙箱的设立、政策的制定等，从客观上增强了监管的能力。所以从金融科技从业者的角度来讲，我们肯定要去适应和拥抱监管，在监管的框架下设计产品。

第三个观点，金融要兼顾普惠。普惠也是国家这几年大力支持的。国家说鼓励金融机构服务小微和普惠，这是宏观层面。从微观层面讲，金融机构本身也会主动服务普惠，因为对整个金融机构来说，大客户的竞争已经很充分了，利润空间已经压得越来越小，反而是小微机构，那些原来得不到金融服务的一些小微主体，空间越来越大。C 端消费的抑制之后，市场需求已经又逐渐转化到 B 端，B 端里面除了有大的客户，中小微客户的需求也确实存在，而且市场竞争还不够充分，同时还符合国家和监管的方向。所以我们认为，在这个阶段应该去主动地服务一些普惠的客户主体，无论是从科技服务商的角度还是从金融机构本身的角度，都应该在平台搭建、产品设计、业务运营上更加向普惠群体倾斜，这样无论是于公于私还是从国家宏观层面、市场微观竞争层面，应该都能达到共赢的效果。

青岛打造金融科技中心城市

王锦玲*

2014 年，青岛获批国家财富管理金融综合改革试验区，从此承担起建设国际财富管理中心城市的历史使命。在财富管理试验区的带动下，青岛金融业持续保持快速发展势头，财富管理、金融科技、创投风投等新兴机构加速聚集，现代金融服务体系日趋完善。青岛也依托试验区先行先试通道，成为国家首批金融科技应用试点城市和第二批数字人民币试点城市。

在金融科技的支持下，金融资源更加及时、精准配置到经济社会发展的关键领域和薄弱环节，小微民营企业融资服务门槛有效降低，普惠金融服务的可得性大幅提高，青岛金融业在服务实体经济和民生领域的水平显著提升。2021 年以来，青岛本外币存、贷款余额分别达到 2.2 万亿元和 2.3 万亿元，新增贷款近 2200 亿元，超过去年全年的四分之三。

作为财富管理试验区着力打造的品牌活动，青岛·中国财富论坛已连续举办七届，成为国内金融业深化交流合作的平台，也成为青岛开展金融业双招双引的平台。在西海岸新区举办高峰论坛，2021 年已经是第二次。

在财富论坛的引领下，西海岸新区积极搭建金融高端开放合作平台，打造跨境基金中心，聚集境内外优质金融资源，山东自贸区首只

---

* 王锦玲，时任青岛市地方金融监管局副局长。

合格境外有限合伙人（QFLP）落地，交通银行航运金融中心、浦银金租船舶租赁和飞机租赁 SPV 公司等具有示范带动意义的机构陆续落地；同时，西海岸新区高度重视金融科技发展，率先探索数字人民币创新应用，发放啤酒节数字人民币消费红包，引领新一轮试点场景扩容，助推青岛构建新型数字金融基础设施。

金融科技代表着金融业未来的发展方向。本场论坛以“金融科技赋能金融新生态”为主题，契合了“十四五”期间青岛建设金融科技中心的发展目标。在未来五年，青岛将以科技驱动金融变革，推动金融科技与产业融合，加快打造独具特色的金融科技中心城市。

我们将加快推进政策创新。积极争取国家有关部委支持，申请新一批先行先试政策，释放更多制度改革红利。

我们将着力聚集金融资源。培育壮大数字金融产业，以应用场景建设为抓手，引进具有影响力的银行业、保险业，以及互联网领域金融科技企业。

我们将不断优化金融生态。把构建优良金融生态作为抢占未来金融中心城市竞争的制高点，优化营商环境，加强监管协同，加强风险防范，稳妥推进金融科技创新发展。

本次高峰论坛高朋满座、精英荟萃，我们十分期待听到大家的真知灼见，十分期待得到大家对青岛金融科技发展的具体指导，十分期待大家来青岛发展，共创财富！

西海岸新区的金融科技布局已经铺开

邵　睿*

青岛西海岸新区是国务院2014年批复成立的第九个国家级新区，也是我国首个以海洋经济为主题的国家级新区，陆域面积2128平方公里，海域面积5000平方公里，承担了经略海洋、军民融合和自贸试验区青岛片区建设等多个国家战略。2020年地区生产总值达到3721.7亿元，位列19个国家级新区前三强，对青岛市增长贡献率达到30%，以全市五分之一的面积，贡献了三分之一的地区生产总值、海洋生产总值、规上工业增加值、固定资产投资和外贸进出口额。2021年一季度完成地区生产总值897.2亿元、增长20.2%。

近年来，大数据、云计算、区块链、人工智能等新技术在金融领域的应用探索日益成为热点，金融科技已成为金融业创新发展的重要突破口。今年，我们规划建设了唐岛湾金融科创区，大力引进各类强科技属性金融科技项目，打造金融科技创新高地，首批14个重点项目已签约落户，西海岸新区的金融科技布局已经铺开。

我们拥有金融科技发展的沃土，西海岸新区目前上市企业17家，占全市的四分之一，重点拟上市企业13家，集聚金融机构237家，备案基金管理公司48家，备案基金产品151支，基金规模达705.65亿元，存贷款余额达5870亿元，新旧动能转换不断加快，集聚市级以上创新

---

* 邵睿，时任青岛市西海岸新区副区长。

平台 500 家、国家级创新创业载体 25 家；规上企业 2543 家，其中规上工业企业 866 家。打造了全球最大的海洋基因库、最大的海藻加工基地、最大的影视产业园等多个世界第一。

在这里，我们真诚期望各位专家为新区金融科技发展多提宝贵意见，传经送宝，更希望各位金融界企业家成为新区城市合伙人，投身西海岸新区开发建设大潮，携手共建、互利共赢，合力谱写辉煌篇章!

策划编辑：鲁　静
责任编辑：刘松弢　彭代琪格
封面设计：姚　菲

图书在版编目（CIP）数据

疫情冲击下的财富管理挑战与对策：2021 青岛 · 中国财富论坛 / 王波明主编．—北京：人民出版社，2022.7
ISBN 978－7－01－023578－3

I. ①疫…　II. ①王…　III. ①投资管理－研究－中国　IV. ① F832.48

中国版本图书馆 CIP 数据核字（2021）第 130619 号

疫情冲击下的财富管理挑战与对策
YIQING CHONGJIXIA DE CAIFU GUANLI TIAOZHAN YU DUICE
——2021 青岛 · 中国财富论坛

王波明　主编

人民出版社　出版发行
（100706　北京市东城区隆福寺街 99 号）

中煤（北京）印务有限公司印刷　新华书店经销

2022 年 7 月第 1 版　2022 年 7 月北京第 1 次印刷
开本：710 毫米 × 1000 毫米 1/16　印张：17
字数：236 千字

ISBN 978－7－01－023578－3　定价：70.00 元

邮购地址 100706　北京市东城区隆福寺街 99 号
人民东方图书销售中心　电话：（010）65250042　65289539